Ose ton chemin vers la conscience

Lettre ouverte d'un apprenti voyageur

Anne-Virginie Lucot

Titre :
Ose ton chemin vers la conscience
Lettre ouverte d'un apprenti voyageur
Auteur : Anne-Virginie Lucot
Editeur : BoD TM – Books on Demand GmbH
12/14 Rond-Point des Champs Elysées
75 008 Paris – France
Impression : BoD TM – Book on Demande
GmbH – Norderstedt – Allemagne
ISBN-13: 978-2-322-03385-0
Dépôt légal : octobre 2013

Table des matières

Bonjour toi qui me lis !..9
Principes fondamentaux 17
   Nous sommes UN avec la VIE............................17
   Qui es-tu vraiment ?..24
   Le processus de la création 26
   Communiquer avec ce qui EST 27
Quelques éléments de base 31
   Quand plus rien ne va de soi…. 31
   Miroir oh ! miroir dis-moi…..!? 35
   Les relations...41
   Le corps 46
   Tes croyances...51
Etapes de la création 56
   Que veux-tu ?...56
     Il n'y a rien à changer… à part ton état d'être…
    56
     Arrête de lutter..57
     Tout s'inclut rien ne s'exclut 61
     Création par défaut 61
     Ton attention 64
     Les choses comme tu les vois ou comme tu les veux ? 69
     Es-tu sûr que ce soit ce que tu veux vraiment ? 71
   Apprécie……………. 78

L'instant présent 78
Le présent est un cadeau 80
Se sentir bien… 82
Vigilance et harmonisation vibratoire… 84
Acceptation 88
L'appréciation 92
L'amour…. 95
La gratitude 96
La bénédiction 98
La joie… 100
La confiance 102

Demander et recevoir… 104
Tu demandes et tu reçois… est-ce possible ? 104
Aller loin de… ou aller vers… L'attention doit être portée sur le souhait et non pas sur son absence actuelle. 110
Quelques problématiques nous empêchant de parvenir à ce que nous recherchons le plus: 113
Attendre que ton intention se manifeste… ou te sentir bien maintenant… 119
Trouver une solution à un problème… 120
Prier… serait-ce reconnaître que la solution est déjà là… ? 123
Confier 128
Patience, Persévérance, Présence, Pureté, Prière, Pratique 131
Avant d'arriver….. 133

Bibliographie…. 137
En guise d'au Revoir… 143

Bonjour toi qui me lis !

En ce jour, et comme dans les anciennes traditions des enfants de la terre, je souhaite accueillir et utiliser le bâton de parole afin d'ouvrir cet espace de partage.

Puis-je te tutoyer, comme cela, d'emblée ?
Sans préambule….

Oui ? Tu es d'accord… alors c'est merveilleux…. cela me paraît plus simple de converser ainsi avec toi….

Je me présente : Anne-Virginie !

Je me réjouis déjà de faire ta connaissance par le biais de cet échange que nous allons avoir.

Je te remercie d'être là avec moi. De lire ces quelques lignes. J'espère que ce sera un plaisir réciproque !

Je suis un peu émue je te l'avoue… !
Faire une nouvelle rencontre est toujours un moment sacré…

Ecrire est un acte de création où l'on se trouve dans une situation de connexion qui modifie nos vibrations internes…

Je m'ouvre à toi dans un partage profond, qui aura sûrement une grande incidence sur chacun ou chacune de nous deux.

Ce travail m'a fait œuvrer sur moi-même. Il a réveillé ces parcelles en moi qui sont encore à guérir, révélé celles qui accueillent la récompense du chemin parcouru…

Je suis toujours en route … comme toi…

Mais comment tout cela a-t-il commencé ?

Au détour d'une journée, l'idée s'est imposée à moi de partager simplement mes lectures et mes compréhensions avec toi, sans prétention, mais avec beaucoup d'enthousiasme, comme on parle à un ami.

Je me suis réellement lancée dans cette aventure, sans savoir vraiment ce qui allait en résulter.

Ce sont là les mystères de ces projets, qui germent dans un recoin de notre tête, irrigués par le cœur, et qui mûrissent peu à peu, sans que l'on sache comment, dans le terreau fertile de notre esprit où ils vont faire route vers la lumière.

Rien n'est établi, rien n'est prévu d'avance, le chemin va se dessiner au gré du paysage intérieur, des surprises, des inspirations et des étapes.
La vie est aux commandes et nous mènera là où il lui semble juste de nous orienter, même si nous n'avons nulle part d'autre où aller, si ce n'est « ici et maintenant », dans le cadeau de l'instant.

Nous allons découvrir que ce que nous voulons, se trouve déjà là, et en le reconnaissant, il nous offre la variété, la magie des mondes intérieurs et le pouvoir de les explorer.

N'allons pas trop vite...... Es-tu prêt ?... bien... partons pour ce voyage... !

Tout en lisant et en m'enrichissant au contact des manuscrits que je « dévorais », le besoin de partager fut toujours pour moi une évidence !

Soit ! Mais quel partage ?

J'ai très souvent parlé de mes lectures avec mes amis, au cours de mes rencontres, ou de mes rendez-vous professionnels.
Ces partages étant réciproques, j'apprenais des expériences et lectures des autres, tout en ayant envie

de transmettre ce que j'avais perçu, ressenti, compris….
A chaque fois, cela me procurait un tel enthousiasme, que je me sentais comme portée à continuer dans cette direction.

Soudainement, voilà qu'émerge la nécessité de clarifier tout cela par écrit, dans ce fascicule, en livrant quelques-unes des leçons de vie et des étapes de ce long processus, glanées sur les pistes du pèlerinage vers la conscience !

Tu me diras, à juste titre, que, de cette littérature, il y a pléthore… et que tout ou presque, a déjà été si bien dit… Je confirme !

C'est la raison principale d'ailleurs, qui m'a amenée à émettre quelques doutes, avant de me lancer dans cette aventure.
« Pourquoi donc faire encore ce que tant d'autres ont réalisé avec brio, talent et aboutissement ? Quelle idée saugrenue… voire prétentieuse !?
Qu'ai-je donc à apporter de neuf ? Quel service puis-je proposer par ces lignes ? »

Très vite, j'ai osé penser qu'une idée n'était pas là par hasard !

J'ai saisis qu'il ne s'agissait pas tant, de redire encore ce qui l'avait été, que de produire une synthèse simple, assez courte, en présentant les axes majeurs de ce retour vers soi, vers la création de sa réalité, en un petit compte-rendu accessible.

A toi, ensuite si le cœur t'en dit, de lire les documents relatifs à ces sujets, avec leur diversité, leur complémentarité, tous plus foisonnants d'informations et passionnants les uns que les autres, exposant si bien, chacun à leur manière, le même axe, la même intention, le même but.

Ils nous ramènent tous à l'Unité, nous offrant une vraie palette de possibles… Quelle richesse !

Les livres que je te propose sont les plus « présents » parmi ceux que j'ai lus.
La liste est loin d'être exhaustive.

Il y a néanmoins suffisamment de fleurs de lecture, pour composer un magnifique bouquet qui te donnera l'essentiel des mille et une couleurs à disposer dans le vase cristallin de ton âme….

De même, ces principes cueillis avec soin, ne sont que quelques-uns, parmi tant d'autres (à toi de découvrir les tiens !), qui m'ont «parlé», qui ont fait « écho » en moi, et me paraissent bien refléter les grandes lignes qui écrivent notre histoire.

Ils sont ceux qui ont balisé ma route, accompagné mes profonds questionnements lors des passages à vide, des peurs, des désespoirs ou des bouleversements. Ils m'ont aidé dans ma progression, me tenant la main dans les sombres traversées, dans les doutes et le découragement, me donnant la force de continuer et d'y croire encore, malgré les vents contraires.
Ils m'ont également fait approcher la magie de la vie, lorsque j'ai pu totalement m'ouvrir à leurs messages qui m'ont si bien soutenue dans les moments où je me sentais portée par eux.

C'est donc cela qui en fait, pour moi, la valeur… !

Ce petit livret ne prétend te révéler aucune « vérité » absolue, la seule vérité ne peut être que la tienne, vécue comme juste, au cœur même de ta vie. Il se veut donc être une passerelle, un passage à gué, vers la grande bibliothèque de ta conscience et de ta soif d'apprendre, un compagnon de ton envie de lire, de t'instruire, et de trouver des éclaircissements aux questions que tu te poses.

Il ne prétend nullement délivrer une réponse globale, précise, complète et définitive concernant le cheminement vers soi et l'apprentissage de ta participation à ton existence, mais t'aider à ouvrir les portes, à partir desquelles tu iras chercher les informations qui sont importantes pour toi.

Tu trouveras la liste de ces ouvrages à la fin de ce volume.

Je fais appel à certains d'entre eux, tout au long de ces pages, mais en leur temps, ils ont tous, peu ou prou, participé à l'écriture de ce texte.

Ainsi, selon ce que tu cherches, tu pourras par la suite découvrir ces travaux merveilleux, t'y référer, t'imprégner de leur message, de leurs enseignements, rencontrer les mots qui te parlent et percevoir les voies qui t'appellent, en vue de parcourir, *enfin,* ton propre chemin…

Bonne Lecture…..Je te souhaite le meilleur… bénis sois-tu !

Anne-Virginie

Collex-Bossy, le 24 août 2012

Principes fondamentaux

Nous sommes UN avec la VIE

Au seuil de notre voyage et avant de prendre la mer vers d'autres rivages ou de faire route sur les chemins de ta vie, je te propose d'emporter dans tes bagages un trésor essentiel.

Il est un principe fondamental que je tiens à t'exposer en premier lieu pour comprendre tout ce qui va suivre : Nous ne faisons qu'Un avec la Vie !

Ce n'est pas évident parfois d'imaginer cela, de le concevoir même ne serait-ce que quelques minutes. C'est tout un challenge. Surtout au cœur de notre réalité objective de tous les jours, avec ses défis et ses difficultés qui ne cessent de nous couper de cette Vie qui est notre nature essentielle.

Pourtant, nous vivons totalement inter-reliés avec la force primordiale, et nous avons un rôle participatif dans tout ce que nous expérimentons. Nous existons au cœur même de la réalité qui nous entoure, composés de la même énergie qu'elle. Nous sommes le monde dans lequel nous évoluons. Il n'y a pas la vie et nous, mais corrélation et interconnexion entre ce « nous » et la Vie.

Cette idée t'est déjà familière ?... Merveilleux, ce sera plus facile….
Ou alors es-tu intrigué ? Voire interpellé ? Tant mieux… je me réjouis déjà de notre discussion.
Tu es dérouté ? Si c'est le cas, acceptes-tu de jouer le jeu ? Tu n'as pas à me croire, mais juste à poser cette hypothèse comme possible ? Vois ce que cela éveille en toi, et fais ta propre expérience. Qu'en dis-tu ?
Tu es vraiment réfractaire, ce n'est pas grave, pose ce livret… peut-être nous retrouverons nous une autre fois…

Selon les croyances de chacun, cette force de Vie dont je parle, peut se percevoir évidemment sous plusieurs représentations, et peut prendre plusieurs noms. Quoi qu'il en soit, elle est la trame qui sous-tend tout ce qui existe dans l'univers. Une énergie pure et illimitée, qui anime et unit tout ce qui Est. Certains appelleront cette force : Conscience, Lumière, Source ; d'autres la nommeront : l'Etre, Dieu, Matrice, Créateur, Intention. Malgré les nombreuses formes que cela puisse prendre dans l'esprit humain, l'essentiel se trouve là.

Dans son ouvrage « la Divine Matrice », Gregg Braden[1]- nous présente « l'existence d'un champ d'énergie,… qui à la fois contient, unit, reflète tout ce qui se produit entre notre monde intérieur et le monde extérieur ». Il explique que « la Divine Matrice *est* notre monde. Elle est aussi tout ce qui existe dans notre monde. Elle est ce que nous sommes et tout ce que nous aimons, créons, expérimentons ». Il ajoute « Dans la Divine

Matrice, la séparation entre l'œuvre et l'artiste disparaît : nous sommes le canevas autant que les images qu'il porte, nous sommes les outils, autant que l'artiste qui s'en sert ». Il précise aussi que dans ce champ, tout est interconnecté, tout est relié, car la Matrice est le contenant et le contenu de ce qui EST.

Te rends-tu compte ? Tu es la manifestation de ce qui EST !
Comme chaque être humain, chaque animal, chaque plante, chaque événement. Nous sommes tous un révélateur, une facette manifestée de la Réalité globale qu'est ce champ d'Energie.

Lorsque nous cherchons des réponses à nos questions, nous n'avons donc pas à demander de l'aide pour nous secourir, ou à réclamer l'intercession de quelques forces externes à nous-mêmes. Nous avons juste (mais ce « juste » est de la plus haute importance), à reconnaître en nous le potentiel de vie qui n'attend qu'à se manifester en fonction de la direction que nous voudrons lui donner.

Tu entrevois ce vaste programme et les potentialités qu'il pourrait contenir ?

Tu imagines aussi toutes les croyances et les vents contraires qu'il va falloir braver pour faire route dans ce sens ? Déjà d'accepter cette idée et ensuite même en y adhérant totalement, la mettre en pratique dans chaque instant de ta vie ! Tout un processus je te l'assure….

Tant d'auteurs nous évoquent à leur manière cette réalité. Si je te cite ces différents ouvrages, ce n'est pas pour comparer, mais pour rendre évident à quel point tous ces messages convergent.

Comme le dit Eckart Tolle 9- : « il n'y a jamais eu qu'un seul enseignement spirituel bien qu'il puisse prendre de nombreuses formes ».

Pierre Pradervand 4- nous explique « qu'il existe dans l'univers une force, un principe d'harmonie fondamental qui dirige toutes choses et auquel on peut avoir recours ». Cet

Univers est bienveillant et contient tous les possibles. Il œuvre selon une « loi d'harmonie fondamentale qui gouverne tous les êtres, et opère pour guider et ajuster toutes choses pour notre bien ». Ceci à la condition de vivre selon les lois spirituelles de l'univers qu'il explique dans son livre.

Eckart Tolle 9- parle lui de la Présence de L'ETRE. Il écrit « l'ETRE est la VIE éternelle et omniprésente qui existe au-delà des myriades de formes de vie. L'ETRE n'existe pas seulement au-delà mais aussi au cœur de toute forme. Il constitue l'essence invisible et indestructible la plus profonde…Il représente votre moi le plus profond… »

Le Dr Wayne Dyer 8- dans son livre sur « le Pouvoir de l'intention », nous dit : « La source qui est l'intention est une énergie pure. L'intention est une force à l'œuvre dans l'univers, elle n'est pas quelque chose que vous faites mais une force présente dans l'univers sous la forme d'un champ d'énergie invisible. L'intention est ce lieu qui n'est nulle part et qui s'occupe de tout en notre nom. Il n'y pas un seul endroit où ce champ n'est pas, puisque l'intention fait partie intégrante de tout ce qui compose l'univers ».

D'autres comme Emmet Fox, ou Merlin Carothers, selon leur démarche en lien avec la religion, ou comme Neale Donald Walsh dans « Conversation avec Dieu », ou encore Marianne Williamson dans « Le retour à L'amour » (pour ne citer que ceux-là) parle de Dieu comme le fondement et la Réalité de toute création et de tout ce qui EST.

Mais tous, sans exception, nous parle du Divin comme Source de Vie, comme l'Essence même de ce que nous sommes, de ce que nous vivons, ou du monde dans lequel nous évoluons. Finalement, quelle qu'en soit la forme, c'est cette Reconnaissance de « Qui Nous Sommes » vraiment, qui nous permet de nous réaliser et de co-créer avec la Vie.

Voilà un projet ambitieux, mais oh ! combien fascinant, ne trouves-tu pas ?

Alors, on largue les amarres ? on s'engage dans cette marche ?... es-tu prêt à prendre la mer ou à faire route avec moi, et à mettre le cap vers ce nouveau monde, vers cette nouvelle terre-essen-ciel (le) qui t'appelle ?

Qui es-tu vraiment ?

Maintenant que nous avons embarqué, nous voilà face à cette si vaste question...
« Qui suis-je vraiment ? »
Pour faire simple, je peux le formuler ainsi : Je suis « conscience » et actualisation de cette Vie dont nous venons de parler.

Je ne te dis pas que c'est facile et évident à concevoir, et à mettre en œuvre au quotidien, - au travers des aléas, des contrariétés de toutes sortes et des situations que l'on peut rencontrer, des meilleures comme des plus difficiles- mais je sens, de par mon expérience, qu'à chaque fois que je fais un pas de plus dans cette direction, je me rapproche davantage de ce que je suis et du sentiment d'alignement qui lui est associé.

Mais cette conscience, comment la définir ?
Je crois bien que c'est la Vie elle-même avec un grand V et tout ce qu'elle représente.

Pour toi et moi dans notre vie de tous les jours, c'est déjà la conscience de soi-même.

Etre au-dedans de soi, vivre en habitant totalement sa maison intérieure. Savoir *qui je suis*, être au plus près de *ce que je suis*, de mes ressentis, de mes envies, de mes appréciations, de mes qualités, de mes affinités. Et puis percevoir ce qui m'entoure, mon environnement, mes relations, les situations dans lesquelles j'évolue.

La conscience c'est surtout cet état d'être, cette Essence-Ciel qui est tout ce que je suis et tout ce que tu es aussi. C'est ce qui nous lie, notre Source commune, notre lien indéfectible, la VIE qui nous traverse, celle qui est tout à la fois, l'élément fondateur de notre existence et ce que nous sommes, le contenant et le contenu.

Le processus de la création

De toute évidence, à cette étape de notre odyssée, la question à se poser maintenant est : comment tout cela fonctionne-t-il ?
Et elle n'est pas des moindres. Quel défi !.....

De quelle manière mettre en œuvre le processus nécessaire ?

En premier lieu, ce processus commence par le fait d'apprivoiser en douceur ce « principe »,- que nous n'avons pas toujours l'habitude de vivre consciemment-, et qui consiste déjà à être qui nous sommes vraiment en totale résonnance avec notre essence, dans le but de la rayonner.

Par la suite, mettre peu à peu de côté le parasitage du mental et les réclamations de la « petite personne » pour se donner la chance de passer d'une référence externe liée aux arguments du monde (et dieu sait qu'ils sont convaincants), à une vision interne liée à la connexion intime avec notre Etre profond…

A partir de cette nouvelle approche de l'existence, il va être question de te mettre en relation et en communication avec cette Vie qui t'entoure, et dont tu es, comme moi, une des facettes. Au travers de cette relation, et en écho avec les vibrations que nous émettons et avec les croyances fondamentales qui les sous-tendent, nous découvrirons l'opportunité d'apprendre le langage avec lequelle co-créer notre réalité.

Communiquer avec ce qui EST

Comment communiquer avec la VIE ?

T'es-tu déjà au moins posé une fois cette question ? Peut-être pas…
Oui, cela peut te sembler une interrogation étonnante, mais pourtant oh ! combien essentielle ! pour le marcheur ou le navigateur que tu es devenu.

Comprends-tu à quel point ta capacité de ne plus être un simple observateur passif du monde qui t'entoure, mais de devenir un véritable « collaborateur-associé » de l'expérience à laquelle tu participes, peut avoir comme implications ? N'es-tu pas fasciné par un tel projet ?

Comme on le voit souvent, une belle présence, une unité, allant « au plus près de soi » totalement dans une même direction, en ayant la capacité d'exprimer justement et clairement ce que l'on souhaite, est un atout de taille. C'est la même chose ici. Si tu es en lien avec qui tu es, si tu es totalement présent et que tu apprends à exprimer à la Vie ce que tu ressens, dans un langage que la Vie comprenne, alors tu as des chances de développer tes talents de créateur.

La communication avec « ce qui est » ne semble pas faite uniquement de pensées ou de paroles, mais surtout d'émotions. Le crois-tu ? Gregg Braden 1-nous l'explique très longuement avec des preuves scientifiques à l'appui, dans son ouvrage sur la Divine Matrice, en nous exposant précisément que le langage que comprend la divine matrice, est celui de l'émotion. Mais pas de n'importe quelle émotion.

« Il ne suffit pas de dire simplement que nous choisissons une nouvelle réalité », il est important « d'y donner suite réellement par les pensées, les sentiments et les croyances qui éveillent cette issue en tant que réalité nouvelle ». Il précise que « pour choisir une possibilité quantique nous devons devenir cet « état d'être », et encore que c'est le « langage du sentiment » qui « parle » à la Divine Matrice. Sentez que votre but est atteint et que votre prière est déjà exaucée » -1.

Nous allons bien-sûr reparler de tout cela au cours de notre partage, et voir de quelle manière mettre en pratique ces réflexions, de la façon qui m'a paru la plus juste et qui je l'espère le sera aussi pour toi.

Mais déjà… ne sens-tu pas quelque chose vibrer en toi ?

Si la réponse est oui, … c'est ton être qui te fait signe et qui tente une percée par la brèche qui lui est ainsi offerte….

On continue ?

Quelques éléments de base

Quand plus rien ne va de soi….

Au cours de notre périple, quand les difficultés surviennent, de la plus insignifiante à la plus douloureuse, d'une contrariété banale à la perte d'un être cher, d'une dispute à une maladie, d'une peur profonde à l'incertitude d'un emploi, de l'inquiétude d'une relation à l'incapacité à se dire, du plus profond désarroi à la crainte du manque…. Quand tu regardes dans les « affaires » du monde ou dans celles de ton monde intérieur, quoi qu'il arrive, plus rien ne va de soi.

Ces défis, allant de la simple perturbation au drame personnel, paraissent parfois infranchissables, parasitant nos vies et anéantissant nos espoirs de bien-être. J'en parle en connaissance de cause, je connais trop bien ces moments sombres ou « plus rien ne va de soi ». On se sent tellement démunis, l'émotion nous submerge, le mental analyse et interprète, blâme, critique, angoisse, reproche ou que sais-je encore et nous entraîne dans une sorte de spirale, qui peut devenir à la longue infernale. Nous sommes devenus maître à jouer et rejouer nos films noirs préférés dans la salle obscure de nos réflexions !

Malheureusement, ou heureusement peut-être, il faut souvent de tels événements pour nous éveiller. Lorsque tout va bien, ou semble aller bien, il n'est pas rare que sous l'apparence d'une situation tranquille, se cache une zone de confort dans laquelle se tapissent nos blessures cachées. En ordre général, nous ne sommes pas enclins à y changer quoi que ce soit. Ce n'est pas le rêve certes, mais au moins on connaît, c'est rassurant….

C'est le plus fréquemment quand la vie nous malmène, nous blesse, nous défie ou nous interpelle, que nous commençons notre route vers nous-même, tel le héros des mythes qui traverse des mers déchaînées, emprunte des chemins tortueux et escarpés, se perd dans des labyrinthes, affronte démons et dragons, initiations et épreuves de toutes sortes, pour enfin faire route vers sa destination intérieure. Personne n'est à l'abri de ces rendez-vous de la vie, personne ne peut vraiment en faire l'économie. Mais chacun de nous à l'opportunité de les vivre sur un tout autre plan.

C'est dans des moments comme ceux-là, et même pour les difficultés ou les challenges du quotidien, qu'il est si essentiel de garder le lien avec ce que nous sommes vraiment. Sinon, comme la plupart du temps, « l'information », les « suggestions » fournies par notre monde environnant, nous font perdre le contact avec notre centre, notre stabilité, et nos ressources.

Il est même parfois important, aussi étonnant que cela puisse paraître, de vivre ces périodes d'errance, d'incertitude, de découragement, de désespoir et de doute, car elles nous font appréhender des parties de nous, qui sinon seraient sans doute restées insoupçonnées, inexploitées, privées de notre reconnaissance. Mais également pour nous faire toucher du doigt que la souffrance n'est plus la voie pour progresser. Ne nous condamnons donc pas dans ces moments, ils font partie intégrante du voyage. Tout l'art est de parvenir à les accepter sans les renier, sans vouloir les fuir ou nous en débarrasser, et ceci sans s'y complaire, sans s'y identifier, sans nous définir par rapport à eux, sans faire de l'histoire qui les a fait naître, la cause de nos malheurs. Parvenir à les aimer suffisamment pour les reconnaître et ainsi les libérer. Et voir combien ils nous permettent ensuite d'apprécier ce qui est, et avec quelle conscience.

Dans ces moments critiques, nous avons donc l'impression d'être dans l'impasse, dans la douleur, si seul face à ce qui nous arrive.

Concrètement, il n'y a pas de solution satisfaisante, les choses sont ainsi et il va falloir faire avec, en tentant de garder la tête hors de l'eau, voire, dans le meilleur des cas peut-être, essayer de les modifier pour qu'elles puissent répondre à nos attentes… même juste un peu…

Il va s'en suivre, pour toi et moi, la dure nécessité de résoudre tous ces problèmes dans leur « réalité ».

A moins que….. il n'y ait la possibilité d'un autre regard… ?

Miroir oh ! miroir dis-moi…..!?

Rien n'arrive à l'homme qu'il ne porte en lui.
Rien ne se produit qui ne concerne directement la personne que tu es.
Ce ne sont pas les événements qui viennent à toi, c'est toi qui va vers eux…
Parviens-tu à accepter cela en restant serein ?

T'es-tu déjà regardé dans un miroir ?, et qu'y as-tu observé ?
Ton visage en tous points identiques à lui-même, n'est-ce pas ?

Que tu apprécies ou non ce que tu vois, ton sourire ou ton visage fermé, tu ne peux rejeter sur le miroir la responsabilité de ce reflet. La réalité est d'abord en toi, et le miroir n'en est que le réflecteur. Il t'aide, si tu veux bien ouvrir les yeux, à mieux « voir » les choses que tu regardes, à les arranger, les transformer, les apprécier ou te réconcilier avec.

Imagine que la vie (la tienne, celle des autres qui te touche, celle du monde qui t'entoure et dans lequel tu évolues), ce soit un peu la même chose. Que découvres-tu quand tu regardes ta vie ? L'expression de ce que tu es, de ce que tu penses, de ce que tu ressens, de tes blessures anciennes non libérées, de ce en quoi tu crois, de tes peurs viscérales, de ce qui est caché au fond de toi et dont tu n'es souvent pas conscient…Tu y vois ce qui te concerne d'une façon très directe dans ce qui te touche de près, et plus indirecte dans ce qui semble arriver si loin de toi…

J'ai regardé ma vie et j'y ai vu ce qui me concerne d'une façon personnelle, ce qui me touche au plus profond de moi dans mes joies et mes égarements, dans mes forces comme dans mes faiblesses, dans mes convictions comme dans mes doutes, dans mes rêves comme dans mes incertitudes.

Pourtant tu es au centre de la pièce et tu as le rôle central… il va bien falloir entrer en scène ! Combien de fois me suis-je dit cela, sans oser y croire, sans m'en reconnaître le droit, sans parvenir à passer de l'autre côté du rideau !

Tu peux me répondre que tu ne vois pas de quoi je parle, que tu es simplement victime des circonstances et que la vie est comme ça, qu'il faut faire avec, même si elle est bien dure avec toi.
Oui pourquoi pas… je comprends tellement et je te remercie de m'avoir déjà écouté jusque-là….

Mais, tu peux également me répondre... « Oh la la, avec ce que je vois, cela ne me réconforte pas du tout !! Je me sens encore plus mal... je suis découragé et je baisse les bras... ». Oui, je sais, c'est loin d'être évident, tu es révolté, tu trouves cela injuste, tu te sens coupable, tu ne comprends pas comment tu peux porter en toi « quelque chose » qui puisse se refléter dans la difficulté qui te confronte. Souvent aussi, tu portes un jugement sur toi-même en fonction de ce que tu vois, tu te condamnes, et ce jugement te blesse. Tu condamnes l'autre aussi. Tu ne veux pas voir cette blessure, elle te fait trop mal. Tu te demandes comment tu as pu générer tant de souffrance et cela te désespère de ne pouvoir y changer quoi que ce soit. Je sais cela aussi, c'est très dur de faire autrement au début... mais rassure toi, ça changera... (à moins que non, ou pas tout de suite, ou pas tout le temps, car le chemin est long et les défis sont nombreux, tu retomberas souvent, puis de moins en moins, et de moins en moins longtemps). Tu as peur de prendre toute cette responsabilité, tu ne te sens pas les épaules assez larges, tu imagines devoir trouver des réponses et des solutions par toi-même, et tu éprouves alors un sentiment d'impuissance qui te conduit à une impasse...

Mais accepterais-tu de regarder cette situation un instant, en faisant fi du mental, sans étiqueter, sans analyser, sans juger? Bien-sûr que tu le peux. Voir, sans à priori, ton monde et ce que tu y expérimentes, à l'aulne de tout ce que je viens de te dire ? Juste un instant. Ne crains pas. J'ai mis du temps à faire ce pas aussi. J'en mets encore. Du temps à oser y croire. A oser me lancer. Avec l'hésitation qui fait se rétracter. Ou ne pas se donner tout à fait. Faire le chemin à moitié. Avec la peur. Avec les allers et retours. Je suis toujours sur le chemin. En même temps que toi.....

Et puis finalement : Oser examiner toutes ces informations avec curiosité et enthousiasme, comme si tu découvrais les codes secrets de renseignements précieux et de la plus haute importance, sur toi et sur ta vie ? Même si cela ne rend certes pas la chose plus facile, moins douloureuse...est-ce que cela ne changerait pas la donne malgré tout ? Veux-tu aller un peu plus loin alors ?

Un cours en miracle10- nous dit « La chose perçue est un miroir, non un fait. Et ce que voient mes yeux c'est ma disposition d'esprit réfléchie à l'extérieur. Tout ce que vous percevez témoigne du système de pensée que vous tenez pour vrai ».

Et si ce que tu vois ne te plaît pas… essaie de ne pas tout refuser, ou d'avoir peur, ne te juge pas durement, ne te mets pas la pression en te demandant comment tu vas t'en sortir… ou si, fais-le ! Si tu ne parviens pas à faire autrement, en sachant rester conscient. Pour l'instant, c'est comme ça, tu refuses, tu as peur, tu es en colère, tu cherches une issue, c'est simplement humain… j'ai peur moi aussi, j'éprouve de la colère, je voudrais tout refuser lorsque c'est trop dur pour moi, je me juge trop souvent et je me mets la pression pour savoir comment m'en sortir…. mais, maintenant, je comprends plus vite que je me suis éloignée de mon chemin, et la soif de la lumière redevient la plus forte et reprend ses droits coûte que coûte…

Alors continue tranquillement ta lecture….

Ta vie est le reflet de toi-même et surtout de tout ce qui est encore caché en toi et qui appelle à revenir à la surface de ta conscience. Les expériences vécues t'aident à savoir où tu en es, et ce qui vient pour demander guérison ou pour te montrer tes qualités inexplorées….

Regarde ton monde, il t'apprendra beaucoup sur toi !

Les relations

Les relations sont aussi nos miroirs et certainement les plus significatifs. Dans les rapports avec les autres, toi et moi avons des sentiments, des émotions, des appréciations et ressentons souvent beaucoup d'implication. Nous nous sentons touchés au cœur de nous-même, pour le pire comme pour le meilleur, et c'est bien ici le terreau le plus puissant pour nous faire travailler et nous aider à nous révéler.

Les personnes avec lesquelles nous sommes reliés représentent un vecteur des plus puissant et intense de connaissance de soi dans nos vies.

En fait, tout ce qui est en toi, comme en moi, doit se vivre. Si tu n'habites pas totalement ta « maison », ou si tu négliges ou agresses des parcelles de toi, tu vas souvent recevoir de nombreux squatteurs, ou des perturbateurs qui décideront à ta place dans l'espace intérieur que tu leur auras laissé. De plus, ce que tu n'utilises pas, ce qui souffre et que tu ne veux pas regarder, sera de toute façon manifesté, par toi à ton insu, par ton corps, par les autres, par les expériences, d'une manière ou d'une autre. Dans le cas des relations, ce qui est blessé ou non reconnu, s'il n'est pas vécu personnellement et consciemment, sera vécu par procuration. Cela est communément appelé la projection. Une autre personne va être le parfait miroir de ce que tu as à régler, pardonner, harmoniser, libérer ou exprimer.

Tant que tu penses que c'est sur l'autre qu'il faudrait agir pour changer ou améliorer les choses, tu te trompes de chemin. Tout se passe toujours et uniquement en toi !

J'imagine déjà ta joie (hum !) d'une telle compréhension !! Garde ton humour pour la suite… il pourra encore te servir et sera un tremplin pour toi….

Là je sens que tu te crispes un peu ?, que tu te raidis ou t'énerves franchement ?
Tu fais de ton mieux et tout va de travers ! Ce compagnon, ce patron, cet ami, ce voisin, ou cet enfant qui te pose tant de problèmes, cela ne peut pas venir de toi ? En quoi es-tu concerné par le comportement de l'autre… ? En quoi le suis-je moi aussi ? D'une certaine manière tu as raison : en rien. L'autre est 100% responsable de son histoire et de son attitude. Mais comme tu/je es/suis avec lui/elle, que tu vis cette situation qui te perturbe tant et dont

tu es partie prenante, tu es également pour toi 100% responsable de toi-même.

Michael Dawson10- nous dit « nous devons ramener à nous ce que nous avons projeté sur le monde et en assumer la responsabilité. Il faut cesser de pointer sur les gens et les situations ce doigt accusateur qui leur reproche de nous avoir blessés et voir que ce ne sont que des miroirs qui nous renvoient ce que nous n'avons pas guéri et pardonné en nous- même. En fait ces personnes et ces situations méritent d'être remerciées pour nous avoir montré ce qui se trouve dans notre inconscient ».

Je te l'accorde ce n'est pas évident, voire vraiment très difficile... parfois c'est même insupportable !... tant certaines relations peuvent devenir blessantes, humiliantes ou destructrices... « Comment puis-je libérer telle personne (parent, conjoint, enfant, ami, patron, relation diverses etc...) du sentiment que j'ai, et que je ressens comme légitime (colère, tristesse, frustration, déception etc...)

parce que je « perçois » qu'il/elle m'a fait « ça » ! Comment retrouver la paix et l'épanouissement dans les liens avec les autres, même à travers tous les défis qu'ils nous présentent ?

Les relations sont donc une source extrêmement ardue, complexe, difficile du chemin personnel... Elles nous défient dans ce que nous avons de plus intime, de plus blessé, de plus fragile, de plus caché. Elles s'en prennent à nos limitations, à nos blocages les plus cadenacés, elles nous confrontent à nos peurs les plus viscérales.

Elles sollicitent également nos chances de croissance les plus importantes. Elles sont porteuses du cadeau magique qu'est l'accès à notre lumière intérieure... nous sommes tous les uns pour les autres des maîtres sur ce chemin de réconciliation à soi !

Sache que la relation est là aussi pour révéler, magnifier et actualiser tout ce que tu portes en toi, tous tes trésors cachés qui n'attendaient qu'un appel de reconnaissance pour monter sur la scène de ta vie. Elle devient alors une « relation sacrée », ou chacun apprend les leçons et les cadeaux de l'Amour. Et, si nous avons la chance de croiser des êtres avec lesquels on se sent vivre en totale harmonie, nous aurons véritablement touché à la grâce.

Le corps

Le corps est le temple de l'âme dit-on.
Il est ton lien à la Terre. L'Esprit a trouvé en lui son embarcation temporelle. Il est un réceptacle pour ton Essence spirituelle. Pourtant, nulle séparation ! La Terre et le Ciel te semblent dissociés ici-bas, mais dans ton cœur, l'un est le « juste » reflet, le manifesté visible, - la forme de l'autre-, invisible.

Eric Berrut 11- nous demande «comment éprouvons-nous cette Terre où le flot de la Vie nous a vus accoster ? » Cette « Terre » sera-t-elle un lieu d'exil, où nous allons souffrir en nous sentant divisés et meurtris, ou un lieu de réconciliation où nous allons pouvoir expérimenter le retour à soi, au plus profond de notre humanité. On ne peut atteindre le Ciel que les pieds solidement amarrés à la Terre.

Le corps est donc un véhicule qui te donne le matériau pour l'expérience de ton incarnation, et t'offre ainsi de te connaître, de te différencier et de t'identifier face au monde qui t'entoure. Ce « corps-personnalité » est l'habit élaboré par les intentions de l'Esprit, pour t'accompagner au cours de ton chemin d'existence. Il est le média, le « contenant », à travers lequel tu peux apprendre à révéler l'« Etre » « ici et maintenant ». Il est l'allié avec lequel vivre en harmonie et à respecter.

Parfois bien-sûr, ce corps est prison, douleurs, limitations. Il se voit alors envahi par les maux les plus divers et les plus complexes, qui deviennent « l'ennemi à abattre ». Le mal en nous se dit (mal a dit), dans et à travers notre corps en souffrance.

Il est aussi identification, lorsque tu ne parviens pas à t'envisager en dehors de lui. Le corps est une enveloppe à honorer, à soigner, il ne doit cependant pas voiler ce que tu es ni en prendre la place.

Cette enveloppe physique sera malgré tout un outil essentiel de ton voyage. Pour cela, revenir au corps, à tes sensations, à ce que tu éprouves, te fera savoir où tu en es de ta propre démarche. Le corps est un vrai baromètre, qui nous précise si nous sommes en lutte ou en amour avec la vie !

Eric Berrut 11- nous dit encore : « Habite ton corps et tu comprendras le souffle qui te fait vivre, incorpore tes valeurs à la substance de ton existence et tu réaliseras Ce que tu es ! »

Ton corps, est un sacré indicateur, ou un indicateur sacré ! Il te parle de toi, il te révèle des informations importantes sur ta vie.

Les chocs émotionnels, les frustrations, la colère, la tristesse ou toutes les pensées négatives et obsédantes que nous entretenons, comme les émotions que nous éprouvons, affectent le fonctionnement de notre corps… tu connais tout cela n'est-ce pas ? Tes émotions influencent tes sensations, ton métabolisme et ta santé. La peur et la colère perturbent ton équilibre interne, te font mal au ventre, tu digères mal, tu as froid ou trop chaud, tu te blesses, tu es stressé, tu as l'esprit confus, cela fait baisser tes défenses immunitaires, déclenche des maladies et tant d'autres choses encore…. Par contre les émotions de joie, de calme ou encore de paix te font te sentir léger, vivant, vibrant, elles te font évoluer avec des gestes fluides, une forte sensation de vitalité, tu es présent à toi-même, pleinement là dans ce que tu vis.

Lorsque ton corps manifeste un symptôme, il te demande « audience ». Veux-tu le recevoir et lui porter une oreille attentive ?
Il vient te « parler » de quelque chose en toi qui implore la guérison. La plupart du temps on ne daigne pas l'écouter, et on cherche à se débarrasser de l'intrus le plus vite possible, on

ne veut pas le voir, on part en quête de remèdes pour nous l'enlever. C'est humain, légitime, tellement compréhensible…. On vit tous cela… je sais, ce n'est pas facile… parfois on a trop mal et on ne comprend pas… On a besoin de l'aide extérieure et d'un soulagement pour faire le pas suivant… Pourtant si on pouvait l'écouter et accueillir ce qu'il veut nous transmettre, cela nous aiderait à retrouver la paix….

Tous les enseignements nous invitent à considérer que, pour qu'une guérison réelle se produise, il faille traiter la cause qui se trouve dans notre esprit et non dans notre corps.

Tout dérèglement ou maladie du corps est le résultat d'une blessure au niveau de l'âme, et guérir signifie « juste » libérer l'âme en reconnaissant la vie qui l'anime. Mais ce « juste » est parfois l'œuvre de tout un processus, un tel chemin à faire sur nous-même…

Eric Fleury 16-, thérapeute qui nous convie à l'écoute du corps, nous dit également : « Comme dans les anciennes traditions des peuples de la Terre, où on guérissait l'âme et le corps par la recherche de l'origine des blocages aussi bien énergétiques que psycho-émotionnels » il te faut aller au cœur de toi-même et décrire ton « monde pour que tu puisses par l'écoute de ton ressenti, découvrir, identifier et nommer tes peurs et tes limites et ainsi aller à la source de tes blocages. Un travail de nettoyage et de transformation se mettra en œuvre, modifiant ton état d'esprit et ta perception du monde, pour retourner dans le cycle harmonieux de la vie et de la beauté. »

Tes croyances

Le cours en miracles 10- nous interpelle en nous expliquant : « Ce que je vois est la réflexion d'un processus mental qui prend naissance avec mon idée de ce que je veux. A partir de là, l'esprit élabore une image de ce que l'esprit désire, juge précieux et par conséquent, recherche. Ces images sont ensuite projetées à l'extérieur, regardées, jugées comme réelles et préservées comme la prunelle de nos yeux. »

Nos croyances sont à la source de tout ce que nous vivons.
Réalise un peu, que tout ce que tu fais, tu le fais dans une disposition interne qui dépend essentiellement de ce que tu crois. Lorsque tu penses, par exemple, être en mesure de faire quelque chose, ou que tu es convaincu d'être pleinement apprécié par une personne importante pour toi, ou que tu as toutes les ressources pour obtenir un travail etc... tu as de grandes chances de vivre la situation avec beaucoup de facilité, et d'opportunités, pour qu'elle se concrétise et porte ses fruits.

Par contre, si tu es dans le doute, si tu ne penses pas être à la hauteur et que tu discrédites tes qualités, tu envoies alors télépathiquement une information qui pourrait se formuler ainsi « Passez votre chemin, malgré les efforts fournis, je ne suis pas prêt et je ne mérite pas de réussir ! »

Tout ce que tu crois, penses et donc ressens, modifie ton état d'être jusqu'au cœur de tes cellules, et donne à la vie qui t'entoure une information qu'elle ne manquera pas de te renvoyer à la virgule près !

Ces croyances, d'où viennent-elles ? le plus souvent de ton histoire personnelle, familiale, culturelle, religieuse, des croyances collectives, de ton éducation, de ce qui a marqué ton esprit dans ta vie, de tes conditionnement durant ta petite enfance, de tes expériences passées, de ton identification avec une certaine image de toi, de ce que l'état du monde te porte à croire… etc… Mais es-tu ton histoire ou es-tu *qui tu es* ayant vécu les expériences de ton histoire ?

Gregg Braden nous explique cela en détail dans son livre : « La guérison des croyances » 2-. « Les croyances sont le pont entre la réalité et ce que nous avons pu imaginer».

« Recourant au langage de la physique quantique, de plus en plus de chercheurs en viennent à la conclusion que, l'univers et tout ce qu'il contient, est tel qu'il nous apparaît en raison de la force même de la conscience et de nos croyances quant à ce que nous acceptons comme la réalité. » « Les études scientifiques démontrent aujourd'hui, que les sentiments que nous éprouvons à l'égard du monde sont d'une force déterminante qui s'exerce précisément sur ce monde. La science finit par reconnaître la valeur des traditions spirituelles selon lesquelles l'univers qui nous entoure est simplement un reflet des croyances auxquelles nous adhérons. »

« D'autres découvertes ont démontré hors de tout doute possible
, que le champ de la Divine Matrice réagit – en se réorganisant-- à l'influence de nos émotions et croyances profondes. Nous devons alors accepter la responsabilité qui vient avec le fait de savoir que nous pouvons changer le monde en nous changeant nous-mêmes »

Imagines-tu la portée de tels propos dans notre vie de tous les jours !!?

Voudrais-tu essayer de changer de croyances ?

Etapes de la création

Que veux-tu ?...................

Il n'y a rien à changer... à part ton état d'être...

« Un miracle est juste un changement de perception » nous dit « Un cours en miracle » et il est loin d'être le seul. Tous les auteurs sans exception nous parlent de l'évolution de notre état de conscience, de notre perception, comme de la guérison de nos croyances, afin d'instaurer un nouveau paradigme.

Ils nous disent tous que notre monde est le reflet de ce que nous croyons, pensons, et de ce que nous émettons. La perception du réel devient miroir de ce que nous sommes et ressentons.

Tu es créé de la même Energie que la Vie elle-même, à l'image de la Source, ou comme le disent certains « une cellule dans le corps de Dieu ». Tu es donc porteur de ce don d'intention et de création, mais également de celui du libre arbitre. C'est donc à toi de décider ce que tu veux en faire.

Si tu veux changer ton monde, il n'y a rien d'autre à modifier que ta propre perception, ton regard et ta vibration intérieure !

Arrête de lutter

Combien de fois as-tu entendu, comme moi : « il faut se battre pour y arriver », « le monde est une compétition ou seuls les meilleurs gagnent », « la vie est dure », « tu réussiras au prix de tes efforts et à la sueur de ton front », « cela ne va pas être facile, regarde la réalité » « ne rêve pas ! ». Et combien d'autres encore…. Je ne suis pas en train de faire la part belle à la nonchalance et à l'opportunisme... loin de moi cette idée... il est juste de se donner à fond dans ce que l'on fait, de donner le meilleur de soi et de fournir les efforts nécessaires pour y arriver...

Mais doit-on pour autant faire cela dans la bataille, doit on gagner les choses de haute lutte ? Est-ce vraiment nécessaire... ?
Les efforts peuvent-ils aussi se faire dans le calme, la légèreté et la joie ? Ne serait-ce pas plus agréable, plus motivant ?

A-t-on le droit de descendre du ring ? La lutte pour la vie ou pour tout ce que nous souhaitons, pourrait-elle prendre fin, ou tout du moins, s'alléger considérablement ?

Dans son ouvrage, « Puissance de la louange », Merlin Carothers 12- précise la voie de Dieu : « ce combat n'est pas le tien, c'est celui de Dieu ». Dieu invite à Lui confier le problème, à Le louer et à Le laisser faire, à reconnaître cette Vie en nous et à la laisser agir à travers nous pour notre bien.

Dans la même idée, Emmet Fox 13- nous exhorte à détourner notre regard de nos problèmes et de les porter sur Dieu seul : «Il est important de traiter les problèmes par la *prière scientifique*, à savoir une affirmation positive de ce qui doit être, puis de s'en remettre à Dieu en focalisant sa pensée sur lui : « L'essentiel est de ne plus penser à ce qui vous préoccupe. La règle veut que vous pensiez à Dieu, à Lui Seul, et si vous songez à vos difficultés, vous ne pensez pas à Lui. Regarder toujours derrière vous pour voir ce que deviennent vos affaires, est fatal, parce que c'est penser à vos soucis, et vous ne devez penser qu'à Dieu et qu'à Lui. Votre objet est de chasser la pensée qui vous préoccupe de votre conscience, pour quelques instants au moins, pour lui substituer l'idée de Dieu. Voilà le point capital. »

Neale D Walsh 6- nous dit « ce à quoi tu résistes persiste, ce que tu regardes disparaît car il perd sa forme illusoire » « Tant que tu entretiens l'idée qu'il y a quelque chose ou quelqu'un d'autre à l'extérieur, qui te « fait ça », tu cèdes ton pouvoir d'y changer quoi que ce soit. C'est lorsque tu dis « c'est moi qui ai fait ça » que tu peux trouver le pouvoir de le changer ».

Tu comprends où je veux en venir ? Plus tu luttes contre quelque chose qui ne te convient pas pour tenter de t'en débarrasser, plus tu l'invites dans ta vie, et plus tu le rends réel. Tant que tu considéreras le problème que tu rencontres comme un « vrai problème », et plus tu tenteras de trouver des solutions pour y remédier, -donc pour lutter contre-, plus tu vas renforcer la réalité à laquelle tu veux échapper.

Perçois-tu que tu es face à un cercle vicieux très sournois ?, tant la raison que tu as de te battre ou de te démener te semble légitime… Je ne veux pas dire en cela qu'il faille arrêter de se mobiliser, de se donner les moyens d'aboutir et d'arranger les choses, d'agir concrètement et de faire des choix. Pas du tout ! Je cherche juste à te donner envie d'envisager que tu puisses changer d'état d'esprit face à la situation, et te demander :

Imagines-tu un peu ce qui se produirait, si tu arrêtais la lutte et le combat sur le plan de ton état d'être et que tu changeais d'état d'esprit?

Tout s'inclut rien ne s'exclut

Abraham 14- nous dit : « puisque tout dans l'univers est fondé sur la loi d'attraction, rien ne peut être exclu. Tout s'inclut ». Comme nous le verrons dans l'attention « le simple fait de se focaliser sur une chose suffit à l'inviter à se manifester ».Tu ne peux rien repousser loin de toi, tout ce que tu repousses, tu y penses fort, tu mets beaucoup d'énergie à le mettre loin de toi, et comme ton émotion est puissante, tu ne fais que l'attirer un peu plus dans ta vie… imagine l'implication de cela !

Création par défaut

La plupart du temps, nous ne comprenons pas pourquoi certaines choses nous arrivent, on évoque le destin ou le hasard. J'aime à dire que le hasard, dans ses cadeaux, c'est Dieu qui voyage incognito ! Mais le hasard est de ne pas avoir reconnu l'intention, la certitude (conforme à qui nous sommes, ou non conforme) ou la peur, la croyance et l'émotion, tapies derrière chacune de nos expériences.

Je te l'accorde, parfois ce n'est pas simple de « décoder » le sens de ce qui arrive, le « message » sous-jacent, on ne trouve pas toujours la réponse, et pas tout de suite... parfois on ne comprend jamais pourquoi certains événements se sont produits... mais une chose est sûre, si on met tout cela en pratique, on sait que chaque situation, chaque personne, est là pour une raison bien précise, et que si on accepte de la reconnaître, elle portera ses fruits dans notre vie.

Jung disait à peu près ceci « tout ce qui n'est pas remonté à la conscience se manifeste sous forme de destin ». En effet, tout ce que nous ne voyons pas à la lumière de notre conscience, nous « agit » en « sous-main », et passant à côté de l'enseignement, nous blâmons alors les circonstances, les autres, ou la malchance. Le blâme est toujours plus facile que la responsabilité.

C'est comme une maison que l'on n'habite pas, elle finira par être squattée, un champ dont on ne s'occupe pas sera vite envahi par les herbes folles. De la même manière, les parties de toi que tu n'habites pas en conscience, finissent pas être infiltrées par des pensées ou par des personnes qui pensent/décident pour toi, par des idées auxquelles tu as donné ton accord à ton insu depuis ta plus tendre enfance, et qui sont devenues ce que tu penses de toi, ce que tu crois être, et donc ce que tu vis.

A ce moment-là, sans le savoir, sans t'en rendre compte, tu crées à partir de ces croyances. Même si, dans la partie émergée de l'iceberg, ton projet conscient apparaît positif, il se peut que depuis celle qui est immergée, les convictions invisibles qui se cachent derrière le but que tu poursuis, représentent une problématique beaucoup plus complexe. Et c'est à partir de cette racine-là que tu conçois et construis ta vie, car elle représente l'émotion profonde qui sera le langage de ta création.

Développe donc ta création consciente !

Ton attention

Ton destin progresse dans la direction où tu portes ton attention. Tu génères toujours davantage de ce qui habite ton esprit, en t'accordant à ce que tu perçois en toi et à l'extérieur de toi. Tu savais cela… ? C'est assez effrayant quand on y pense vraiment… tu ne trouves pas… ? avec toutes les pensées qui nous traversent par moment… tout ce que l'on regarde et tout ce sur quoi on se focalise !!

Heureusement que c'est un peu plus subtil que cela…. Tout dépend de l'émotion que tu mets à recevoir ce que tu vois et à en faire une réalité pour toi…. Evidemment si je pense à une fourmi bleue ou à un arc en ciel ils ne vont pas apparaître sous mes yeux dans l'instant... et c'est tant mieux, ce serait trop bousculant de voir apparaître tout ce à quoi en pense...

C'est difficile pourtant de modifier son regard. « Voir les choses en face et les prendre comme elles sont », « être réaliste, objectif », « ne pas se faire d'idée, arrêter de rêver », révèlent des raisonnements qui font tellement partie de notre quotidien.... Comme moi, tu as dû les entendre tant de fois, n'est-ce pas ?
De plus, en fonction de cette « objectivité », on sait si bien se mettre des limites, des peurs, des impossibilités, des doutes... toute une affaire de changer de point de vue ! de se sentir autorisé....

Lorsque nous sommes tellement pris par une situation, lorsque notre émotion est si puissante (stress, colère, inquiétude, souffrance...), il est très difficile de tourner notre attention ailleurs, car nous sommes « happés » par ce qui nous trouble, nous sommes investis dans l'histoire, nous voulons tellement sortir de ce problème, que nous y mettons toute notre énergie, sans savoir alors qu'insidieusement nous renforçons le problème en question, au lieu de le solutionner (nous verrons cela un peu plus loin).

L'idée n'est évidemment pas de s'extraire du réel, de refouler ce qui nous perturbe et d'être dans le déni, de faire comme si tout allait bien et de devenir idéaliste au point de ne plus être en contact avec ce qui est. Non, les difficultés sont bien présentes, nous le savons, et c'est à travers elles que nous allons découvrir nos opportunités de croissance.

C'est pour cette raison qu'il nous est plus judicieux au début de s'en tenir là, « ici et maintenant », pour plusieurs raisons.
D'une part, car il n'y a qu'à partir de ce que tu «ressens» que tu peux évoluer. Il faut du temps pour que ta réalité interne délibérément choisie, prenne le pas sur ta réalité externe.

De plus, tu ne peux, quelle que soit la destination envisagée, partir que de là où tu en es.

Encore, est-il préférable de ne pas te mettre d'emblée la barre trop haute avec des projets qui te paraissent irréalistes, car ils te semblent alors tellement inatteignables, que ta résistance à y croire, est plus forte que ta foi en eux, et empêche leur réalisation. Ceci sera très contre-productif, car si tu émets des doutes, des inquiétudes, tu sabotes d'office ton œuvre de création.

Par contre, quelle que soit ta réalité actuelle, donne-toi l'opportunité d'envisager que les choses puissent être différentes, et essaie de porter dessus un autre regard.

Et si on inventait un jeu ? Cela te dirait ? Celui de concevoir ce que tu veux, plutôt que ce que tu vois ou crois possible. Fais marcher à fond ton imagination, tes envies, ce qui motive en toi, intérêt, plaisir, enthousiasme, joie ?? Ne serait-ce pas passionnant ? N'as-tu pas envie de jouer ?

Sur quoi souhaites-tu porter ton attention ?
Sur des choses qui te font te sentir bien ? Qui t'exaltent et te réjouissent ?

Je sais, reviennent toujours à la charge des pensées comme : « mais, insensé, regarde les choses comme elles sont !! » Pourtant ne sont-elles pas toujours en grande partie telles que tu les appréhendes ? Il y a peu d'objectivité là-dedans… tes croyances en sont les filtres et ta perception de ce qui se passe en dépend.

Alors, sois prêt à forcer le blocus des pensées contraignantes, imagine, rêve, pense à ce que tu désires, *sans contrainte*. Non comme un vœu pieux, ni comme un espoir fantasque et inaccessible, mais bien comme à une facette de la vie que tu souhaites voir devenir vraie. Regarde et porte ton attention (autour de toi et en toi, dans tout ce que tu vis, entends, vois, exprimes) sur ce dont tu cherches à nourrir ta vie, sur ce que tu veux créer et qui te correspond.

Souviens-toi, ton destin se crée là où ton attention se porte !

Les choses comme tu les vois ou comme tu les veux ?

Revenons à cette question importante !… jouer au jeu de l'imaginaire n'est pas toujours chose aisée, car ce que tu as sous les yeux est si puissant, que tu ne peux tout simplement pas te dire que cela n'existe pas !

Il est clair qu'au début, pour se donner une certaine confiance, il n'est pas judicieux de vouloir aller trop vite. Il faut être sensé, notre réalité est ce avec quoi nous expérimentons la vie, et l'idée n'est pas d'en faire abstraction. Pas tout de suite….

« On » te dit de regarder les choses comme elles sont, car « tout le monde » le vit ainsi, et c'est aussi comme cela que tu les vois et que tu les vis!

Malgré tout, tu m'accorderas que parfois, tu ressens une chose d'une certaine façon et qu'une autre personne dans un même contexte la perçoit très différemment. Pourtant, l'événement lui-même est identique. L'événement est neutre, c'est ton aptitude à le recevoir qui fait sens dans ta vie. Ta perception dépend donc beaucoup de tes croyances et de tes émotions, et c'est justement sur celles-ci que tu peux opérer un revirement.

De ce fait, si les situations que tu vois ou que tu vis te plaisent, continue à les voir et à les apprécier ainsi. Mais si elles ne te conviennent pas, ne crois-tu pas que tu pourrais changer de voie, et les envisager, les sentir, les exprimer, les écrire même (ceci est très efficace si tu aimes écrire) comme tu voudrais qu'elles soient ! Et si tu le fais suffisamment longtemps et avec suffisamment de plaisir, jusqu'à t'en imprégner vraiment, jusqu'à ressentir et savourer « comme si » cela était comme tu le souhaites, alors tu commenceras à devenir un créateur de ta réalité et ta réalité commencera à répondre à ton ressenti.

N'oublie pas, reste vigilant là où tu portes ton attention ! Sur ce que tu vois ou sur ce que tu veux ?

Es-tu sûr que ce soit ce que tu veux vraiment ?

Il y a un point important à prendre en considération : Tant que tu recherches quelque chose dans ton «monde» concret, tu accrédites deux hypothèses :

D'une part tu investis le plus souvent cette « chose » (partenaire, emploi, santé, lieu de vie etc…) comme étant celle (la seule crois-tu) qui te rendrait plus heureux, qui t'apaiserait ou qui t'apporterait ce dont tu as besoin (tu imagines que c'est à partir de l'extérieur que tu vas combler ton manque).

D'autre part, tu estimes plus important l'effet que la cause. C'est-à-dire que tu cherches dans le monde la réponse à ta demande, alors que la réponse est dans ton état d'être, et que c'est à partir de cette réponse intérieure que ton monde va se former.

Vois-tu la différence ?

Tu ne seras jamais véritablement heureux en essayant de combler un vide depuis l'extérieur. Cela ne veut pas dire que tu ne puisses pas te réjouir, t'enrichir, et recevoir pleinement les moments, les situations ou les rencontres, tous ces cadeaux que la vie met sur ta route, bien évidemment ! Oui, invite-les, reçois-les, goûte-les, prend en un plaisir immense et emplis toi de ce bonheur. Mais fondamentalement, si tu vas au dehors, vide de l'intérieur, tu iras en manque vers l'extérieur. Et la vie ne répond qu'à ce qui se passe en toi....

Souviens-toi, la vie est un miroir... elle comprend alors que pour le moment ce que tu éprouves est que tu n'es pas heureux, pas en paix, pas comblé... Elle t'apportera de ce fait encore plus de tristesse, de révolte ou de frustrations, justement, parce que, en écho à ce que tu ressens, c'est l'information que tu émets...

De plus, fais attention à ce que tu demandes, tu pourrais le voir s'accomplir ! En effet, comment savoir…. si cette personne dont tu es tombé amoureux est celle qui te convient le mieux, ou si les qualités que tu attends chez l'autre sont vraiment celles qui, en elle/en lui , te rendront heureux… ? Ce travail qui t'attire tant est-il le meilleur pour toi, cet emploi précis que tu souhaites absolument obtenir, ce lieu où tu veux vivre à tout prix, cette maladie que tu veux régler au plus vite et de cette manière-là…etc… comment savoir si c'est « cela » exactement qui t'apportera cette paix et ce bonheur que tu recherches ? Qu'en sais-tu ?

Je ne dis pas que lorsque nous sentons qu'une relation nous transporte et nous fait vibrer au diapason, ou qu'une situation est juste, nous ne devrions pas mettre tous les atouts de notre côté pour y accéder… Bien sûr que non. Là, sache accueillir ! et fonce !

Ce que je veux te dire, c'est que nous pouvons parfois nous tromper, nous leurrer, tellement pris que nous sommes dans une situation et que c'est à ce moment-là qu'il est judicieux de se relier à la Source de toute chose, afin de laisser la Vie nous aider à faire le juste choix….Celui qui sera le mieux pour nous et pour le bien en général.

Tout dépend de *qui* choisit en nous, qui habite l'événement ? L'Etre, l'âme au cœur de notre enveloppe terrestre, ou uniquement la personne que nous sommes avec ses manques et ses blessures humaines… ?

Savons-nous encore nous recueillir pour nous mettre à l'écoute de notre intériorité, non de celle qui nous renvoie sur nous-même par repli protecteur, mais de celle qui nous relie a plus grand que soi, qui nous invite à écouter le chant de notre état d'être, la respiration de nos cellules, le vivant en nous. Sentir ce mouvement de vérité, et capter s'il se rétracte ou s'il s'ouvre.

On est parfois vraiment surpris à postériori de « voir » combien, dans certaines circonstances, ce que l'on voulait si fort (souvent depuis ce que j'appelle la petite personne, l'ego…), et qu'on n'a pas obtenu, ne nous aurait pas convenu ou aurait même été pour notre perte ! De manière similaire des situations qu'on aurait jamais osé imaginer nous ont permis, une fois la surprise passée, de réaliser des talents jusque-là insoupçonnés. C'est pour cela que tous tes choix, ne les fais pas seul ! Mûris- les profondément et fais-toi guider par ton âme.

Ne focalise pas trop sur les détails, ne sois pas tendu sur une forme ou sur le comment, émet ton intention, oui, mais fais surtout vibrer en toi le sentiment puissant auquel tu aspires quand ce que tu souhaites sera accompli, et accepte de consentir à être aussi heureux que cela. Ensuite accueille…peu importe ce que la vie va te proposer pour y parvenir….la personne vers laquelle ton être vibre, le travail encore meilleur que ce dont tu avais rêvé… etc….

Certes, avant d'en arriver là, la vie a aussi, oh ! combien, ses méandres et ses situations difficiles. Mais au bout du compte, tout « fait sens » et peu à peu on parvient à saisir la signification même d'une relation blessante, d'un travail non créatif ou d'une situation douloureuse, qui ont été nécessaires un temps pour apprendre la leçon qui était à la clé de notre retour à Soi, et goûter ensuite en pleine conscience ce qui se produit dans notre existence. La vie est tellement plus riche et magique que ce que tu peux imaginer… et puis elle cherche à te combler, oui certes… mais aussi à t'inviter à aller vers toi-même et donc à te procurer ce qui te convient totalement… même si ce n'est pas ce à quoi tu t'attendais.

De plus, tes choix ne concernent pas que toi, quelle que soit la situation, les autres sont impliqués. Il est important que les décisions que tu prendras, concernent avant tout ton état d'être intérieur, et ne soient pas dans un contrôle ou un pouvoir sur quiconque. Même avec la meilleure bonne volonté du monde, par moment c'est plus facile à dire qu'à faire, et nous tombons vite dans ce piège en pensant agir au mieux…je te l'accorde….

Pourtant, chaque être (nous y compris) est totalement libre et garde en lui, même très profondément cachée, son étincelle de liberté. Malgré tout nous sommes à des moments de notre existence mis face à des formes de maltraitance, de soumission, de contrainte, de domination, de rapports de force. Nous pouvons être confrontés à une certaine dépendance, ou au désir de contrôler les autres, de posséder, de protéger ou de manipuler par peur la plupart du temps, ou à l'inverse de se laisser manipuler, prendre en charge, posséder, contrôler... etc...

Mais nous avons essentiellement besoin de ces relations humaines qui embellissent nos vies, besoin les uns des autres, de nous entraider, de faire route ensemble, de collaborer, de partager et surtout de nous aimer.

Lorsque nous recherchons le chemin de la création consciente, le respect de l'autre, et de sa liberté pour sa vie, est primordial, parce que c'est aussi notre respect et notre liberté. Ce sur quoi nous allons œuvrer, est uniquement sur nous-même, et sur les émotions que nous voulons développer pour aboutir à la paix et à la joie dans une situation donnée. Ce n'est certes pas d'édicter la manière exacte d'y parvenir, surtout quand cela concerne une autre personne.

La création ne se réalise pas dans un contrôle, à notre avantage, de la vie qui nous entoure. *La VIE est à notre avantage* ! de toute façon. La création se fait en lâchant prise de notre « petite personne » pour se mettre en adéquation avec la Vie elle-même. Ça fait toute la différence !

Apprécie...............

L'instant présent

« Le secret de la libération est dans l'instant présent, mais vous ne pourrez-vous y retrouver tant que vous serez dans votre mental » nous dit Eckart Tolle 9-. Il précise : « lorsque vous parvenez à cet état de vide mental vous parvenez à la conscience pure ».

Cette conscience pure c'est ce dont nous avons parlé au tout début. C'est l'essence fondamentale de ce que nous sommes.

Imagine un peu, que tout ce que tu crées et peux créer délibérément, se passe essentiellement dans cet espace de non-pensée, de non-mental ou le temps n'existe plus. Tu es cela, dans l'instant. Pure conscience. A ce moment-là, il n'y a plus de passé dont tu es nostalgique ou que tu veux fuir, ni de futur que tu anticipes négativement ou vers lequel tu aimerais aller. Il y a un état d'être que tu vis dans l'instant. Tout est là, et il n'y a rien d'autre.

Et pourtant, la plupart du temps, tu crées à partir de ce que tu as vécu, de tes croyances, de tes habitudes, de tes idées reçues, de tes expériences antérieures. Le mental soupèse, interprète et juge, pour te donner l'impression de garder le contrôle de la situation. De plus, tu anticipes, en fonction de ce que tu penses qu'il puisse arriver, de ce qui est apparemment possible, de tes limites, de ce que tu redoutes, de ce que tu crois de toi, et du monde qui t'entoure… et tu ne comprends pas pourquoi ta vie n'évolue pas davantage ?

Ta seule possibilité de création est « ici et maintenant ». Là est ton pouvoir et celui de nous tous.

Le présent est un cadeau

Si tu acceptes l'instant et l'événement en sachant qu'il est là dans ta vie pour une raison bien précise, et si tu lui reconnais sa place et sa valeur en sachant remercier pour cela … alors oui, le « présent » devient un cadeau… même dans une situation difficile…

Ce n'est certes pas une gageure….
Parfois même, c'est impossible à concevoir… pour le moment…
Il faut parfois beaucoup de courage, de temps et de foi, pour accueillir certains événements en les bénissant, car on sait que la récompense est à la clé…

Mais surtout, le faire en ne cherchant pas à marchander avec la vie, ne pas dire merci uniquement pour voir apparaître le cadeau, cela n'aurait alors aucun effet…
Bien plus, remercier pour ce qui est, en sachant que tout est juste… et s'abandonner en confiance…

Il y a du chemin pour parvenir à cela… c'est une évidence… mais essaie déjà de garder cette possibilité dans ton esprit…

Rassure-toi,… je n'y arrive certes pas tout le temps… et par moment, pas du tout… ce qui engendre souvent de vraies luttes internes, et seule la patience et la persévérance viennent à bout de ce combat. Il y a tant de bonnes justifications à ne pas céder ! A ce moment-là une clé est de rester présent avec la sensation et l'émotion, ne pas vouloir la fuir, s'en extraire, l'oublier, ou vouloir qu'elle n'existe pas, cela ne fait que l'amplifier. Il est bon de la laisser se vivre, la reconnaître, et lui laisser le temps de s'achever. Pour cela certaines techniques qui permettent de recontacter la pure conscience permettent d'aider le processus.

Et d'autres fois, on comprend l'insignifiance et l'illusoire de ce combat, alors il s'estompe d'un coup et cela se fait sans effort. Et lorsqu'on y parvient, on se rend compte que c'est vrai, et on touche à ce qu'est la paix, tel un véritable don gratuit de la vie…

Les choses peuvent alors se métamorphoser…. Sans que tu n'aies plus rien à faire pour cela.

Se sentir bien…

L'important est de se sentir bien à chaque instant nous dit Abraham 14-.

Tu me diras, c'est facile à dire, beaucoup moins à mettre en pratique, et je suis d'accord avec toi…
Parfois, tout va bien et c'est évident de se sentir tranquille et joyeux, et dans d'autres circonstances, lorsque tu es en souci, stressé ou totalement bouleversé, il semble en effet

que la tâche soit bien plus ardue, voire impossible !

Dans ces moments-là, cela vaut la peine d'essayer, même si tu ne tiens que quelques minutes ou quelques secondes… tu me diras que c'est ridicule, mais je te répondrai que c'est le début… on commence toujours par un premier pas.

Et tu verras alors que ce n'est plus si difficile que cela….

Essaie de te concentrer sur ce qui va bien dans l'instant présent. « Ici et maintenant », je suis assise en train d'écrire, je me sens heureuse, j'ai tout ce dont j'ai besoin, etc… énumère tout ce qui est positif… simplement le fait d'être en vie, de n'avoir pas de douleur, ou si tu en as, d'avoir un toit sur la tête, d'avoir l'être que tu aimes près de toi, ou si tu es seul/e, de faire une activité qui te plaît ou te sentir en bonne santé… et toutes les petites choses de ta vie qui te sont agréables… Si, si, il y en a… je te jure ! Tu en trouveras beaucoup plus que tu n'imagines… liste-les, observe-les, réjouis-t'en, savoure-les, aussi minimes et simples qu'elles puissent être, ou aussi importantes et exaltantes qu'elles soient…. Prend totalement la mesure du fait qu'elles te font te sentir bien quand tu les vois. Perçois qu'elles te reflètent également, alors pense à elles, apprécie-les ou pratique-les…

Tu es déjà sur le bon chemin…

Et puis prends une décision : celle de te sentir bien. La décision d'être heureux. Cela paraît simpliste mais c'est une énorme décision. Fondamentale. Et ne lâche plus la détermination d'un tel choix !

Vigilance et harmonisation vibratoire…

Cette vigilance est importante, car il est si vite fait de rechuter, de se laisser influencer par les « arguments » de la réalité… et elle en a de solides !! Comment, quand les choses vont de travers, ou que l'on se sent mal, démuni, que l'on a peur ou que l'on est confronté à un problème, oui, comment ne pas ressentir angoisse, désarroi, découragement, malaise, souci, inquiétude. C'est extrêmement difficile….

Lorsque concrètement, tu te sens pris dans un étau ou une impasse, quand tu ne vois pas comment tu pourrais arranger les choses, tu te sens très vite perturbé… la salle devient noire et le film commence. Il projette ses images sur ton écran intérieur… le mental s'engouffre et te raconte une histoire souvent terrible, empreinte de toutes sortes de scènes négatives qui se nourrissent de tes peurs, de tes doutes et de tes blessures, générant nombres de limitations et de frustrations, de sentiments d'impuissance, d'inquiétude ou de colère que tu peux éprouver… tu vois de quoi je parle ? on est très doué pour cela, ne crois-tu pas ?

Et c'est à ce moment-là, qu'on devrait pouvoir dire « stop ! ».
Respirer profondément, couper littéralement la tête au mental, revenir à nos sensations corporelles et se demander sérieusement : Est-ce que ce que je ressens va m'aider à aller vers

ma destination ? Est-ce que cela m'apporte quelque chose de positif à ma vie aujourd'hui ? Est-ce que cela vaut la peine d'investir autant d'énergie là-dedans ? Qu'est-ce que je veux vraiment ? Sûrement pas l'état dans lequel je me trouve en ce moment, bouleversé, stressé, peiné, en colère ou apeuré….

« Je peux aussi faire un autre choix ! »

Selon les circonstances, il est bien-sûr possible et parfois souhaitable, de te laisser le temps de vivre ton émotion « à fond ». L'autoriser à être, et être avec elle, la reconnaître, t'accorder le droit de ressentir « ça », à cet instant précis, dans toute son amplitude, sans te juger, (sans la déverser sur l'autre si cela t'est possible, sans la laisser non plus t'engloutir, sans t'identifier à elle, juste la laisser se vivre) pour la libérer et la comprendre. Elle a de toute façon un message pour toi. Une fois cette étape passée, lorsque cela devient possible, recontacte ce que tu veux vraiment, comment tu veux te sentir pour être bien, heureux et en paix ?

Dès lors, les idées te viennent peu à peu, puis plus facilement, tu penses à la joie de la relation que tu voudrais avoir avec ton enfant, tu penses à la passion de l'échange avec l'être que tu aimes, tu penses au plaisir de l'activité que tu aimerais faire, ou à tout autre chose qui retient ton attention et ton intention.

Et surtout, le plus important, tu ne fais pas que penser, *tu ressens*… tu ressens exactement ce que tu éprouverais si c'était en train de se produire là, devant toi. Tu t'imprègnes de la joie, du sentiment de quiétude, du sourire qui monte à tes lèvres, du frémissement qui parcourt ton corps en reconnaissant ce bonheur que tu es à même de vivre, ici et maintenant. Tu sens que tu es différent, que tout est différent et pourtant rien n'a changé, à part ta qualité vibratoire.
Alors, bien vite le monde qui t'entoure y répondra tel un écho, comme il ne peut pas manquer de le faire….

C'est essentiel d'avoir à l'esprit et dans le cœur cette vigilance, afin d'harmoniser ta vibration à chaque instant. Le plus important est de permettre à ce bien-être d'opérer sa magie, et de le maintenir pour qu'il soit, aussi souvent que possible, en parfaite adéquation avec ce vers quoi tu tends.

Acceptation

Accepter, c'est reconnaître ce qui est, et être avec, sans jugement, sans volonté de s'extraire, sans vouloir changer les choses, sans se débattre ou chercher une solution immédiate pour repousser ce qui ne nous convient pas.

Thierry Vissac 15-, dans ces textes, nous enseigne cette approche pour justement cesser de courir après une démarche quelle qu'elle soit, et simplement commencer par « être avec ce qui est ».

Selon la situation, cet état peut réclamer quelques minutes, plusieurs jours, voire des années, ou juste une poignée de secondes. Il est clair que face à un péril immédiat ou dans certaines circonstances extrêmes il est vital de faire un choix rapide et salvateur. Je parle davantage ici des situations récurrentes auxquelles on doit faire face jour après jour, et auxquelles on résiste pour tenter de s'en défaire.

Et là, c'est loin d'être facile... on réagit au quart de tour, on se défend, on interprète, on condamne, on se justifie, on veut fuir, se débarrasser, on se plaint, on critique, on agresse, on se ferme.... Ouf...Quelle histoire!

Combien de fois a-t-on protesté de la sorte ? Et pourquoi ? Parce que nous ne pouvons plus contrôler. Parce que nous avons peur, et que nous sommes frustrés, déçus, inquiets ou en colère. Parce que nous sommes souvent en manque de nous-même, de notre propre valeur, et que nous les cherchons dans le monde extérieur. Nous nous définissons en fonction de ce que l'autre ou les circonstances nous renvoient comme image. Combien de fois s'est-on laissé définir ainsi ? Quand cela est positif, on se sent des ailes, on se valorise. Mais lorsque c'est douloureux, on se sent blessé, et on refuse ce qui se passe. Pourtant la situation est la même, on est juste en manque d'amour et de foi en sa valeur, on se cherche en dehors de nous-même. De ce fait, on prend tout de manière personnelle et il nous est difficile d'accepter les choses sereinement.

Pourtant accepter, ce n'est ni subir ni laisser faire !

Eckart Tolle 9- nous dit : « abandonnez-vous à ce qui est. Dites « oui » à la vie et vous la verrez soudainement se mettre à fonctionner pour vous plutôt que contre vous. Dites toujours oui au moment présent. Qu'y aurait-il de plus futile et de plus insensé que de résister à ce qui est déjà ? » Ensuite « voyez ce qui arrive et passez à l'action, si c'est nécessaire ou possible. Acceptez, puis agissez. Quoi que vous réserve le présent, acceptez-le comme si vous l'aviez choisi ».

C'est un sacré programme me diras-tu ! Tu as raison….Et le plus souvent, à notre insu, on a tendance à lutter avec force pour ne pas perdre le contrôle de notre existence. Quel est donc cet événement qui vient bouleverser ma vie, me sortir de mes zones de confort et de ma quiétude ? Notre « petite personne » se défend contre cela ! Pourtant, faire des efforts dans le refus, aussi naturel que cela soit, est évidemment contre-productif et à l'opposé de ce que tu recherches. « Accepter ce qui est » n'est pas toujours chose facile, c'est même parfois littéralement insupportable et impossible. Ce n'est pas grave, il est inutile de te juger. Prends le temps…

Il est clair que dès que nous acceptons ce qui se passe, déjà la lutte s'amenuise et puis prend fin, la résistance cesse, et de ce fait une grande part de la souffrance se libère.

L'appréciation

Tu arrives directement ici à l'appréciation… en acceptant ce qui est, tu finis par l'apprécier (et je ne parle pas de te complaire dans une situation toxique pour toi ; ou de ne pas fuir un danger évident ; Comme tu sais, accepter n'est ni subir, ni laisser faire. Accepte et fais un autre choix si nécessaire). Soudain, tu n'es plus en demande, en manque, tu savoures ce qui se trouve en toi, autour de toi, les personnes qui font partie de ton univers, les activités auxquelles tu te consacres…

Tu me rétorqueras à juste titre… oui, mais si je me sens mal, oui, mais si ma situation me terrifie, oui, mais si la personne près de moi m'insupporte, oui, mais si je ne fais pas ce que j'aime faire, cela ne tient pas la route….
Oui, oui je sais….
Dans ce cas-là, tu as sans doute quelque chose de profond à apprendre dans ce que tu vis, sûrement une leçon qui implique que tu sois encore dans cette conjoncture jusqu'à ce que tu l'apprennes. Peut-être es-tu confronté à

relever un vrai défi dans cette difficulté, quelque chose que tu as à libérer et qui nécessite pour toi cette situation. As-tu décelé à quel point cela te permettait de mieux te connaître, de laisser éclore une ressource inespérée, de trouver la force de te redresser, de dire non et de changer les choses, de développer la vigilance et le discernement pour identifier ce qui te correspond vraiment, en contraste avec ce que tu vis …

Et oui, cela commence par considérer positivement « ce qui est », même si en apparence cela ne te convient pas, lui reconnaître sa place, apprendre à l'accueillir… C'est souvent inconfortable, déplaisant certes !, mais c'est en te réconciliant avec ce qui est, que tu peux envisager de voir les choses changer… en toi.

Pendant que l'événement douloureux te livre son message, tu peux malgré tout essayer d'apprécier tout ce qui est là autour de toi, et qui ne concerne pas directement la problématique qui te perturbe. Je ne te parle pas de faire semblant que tout va bien ou de faire comme si ce qui fait mal n'était pas là, non, pas de déni ! Mais quand une chose te trouble, c'est important autant que possible, que tu ne la laisses pas voiler tout ce qui va bien ! Il y a toujours au moins un élément agréable dont tu peux t'imprégner. Cela te redonnera accès à une vibration plus élevée et facilitera ton cheminement.

Donne ensuite libre cours à tes rêves, tes aspirations, tes envies, retire tes pensées de ce qui te contrarie et t'inquiète (surtout si ce ne sont que spéculations anticipatives), dirige ton esprit vers un autre horizon…. Au lieu de te concentrer sur ce qui ne va pas, demande toi « comment je veux me sentir maintenant ? » et tiens-toi à cela, c'est plus important que ce qui se passe.

A ce moment-là, tu deviens attentif aux moindres détails, si insignifiants avant, qui ponctuent le cours de ta vie… et tu t'offres de plus en plus d'occasions d'appréciation. Car, plus tu vas apprendre à goûter toutes les petites choses simples devant lesquelles tu passais avant sans les voir, plus tu porteras ton attention sur ce qui te rend heureux, plus la vie te donnera d'occasions d'attirer des situations que tu apprécies vraiment… Tu n'es pas obligé de me croire…Essaie !

Il y a une chose tellement importante à ne pas oublier ? Tu devines quoi ? …non ?... apprécie-toi !

L'amour….

Eh OUI !! Fais de toi la personne la plus importante au monde… n'oublie pas de t'Aimer…
Parce que tu es digne d'Amour…..

Non, non, je te rassure, cela ne fera pas de toi une personne fermée, égoïste, imbue d'elle-même, ne pensant pas aux autres et qui ne cherche qu'à éblouir…… Si tu penses cela, c'est que tu n'as pas bien compris tout ce que tu viens de lire, tu te réfères à la « petite personne » que tu « crois » être.

Mais si tu aimes la lumière que tu portes en toi, alors tu ne pourras plus l'éteindre, je te le garantis...! Cela fera de toi une personne aimante, rayonnante et joyeuse... s'aimer est le premier pas pour aller vers une relation d'amour avec la vie et avec les autres. Aimer qui tu es, attirera à toi des relations pleine d'amour. Et ta lumière permettra aux autres d'allumer la leur. Tu te souviens ? Le monde est ton miroir. L'univers est une énergie qui englobe Tout, qui relie et unit tout... en allumant ta lumière, tu aides d'autres personnes à en faire autant...

Merci à toi !

La gratitude

Pierre Pradervand 5- dans son livre « le grand oui à la vie » nous explique que la gratitude est un outil extraordinaire, que c'est un bouclier sans faille contre la négativité et que cela permet de manière incomparable d'élever nos vibrations et de changer notre vie.

Crois-tu cela possible ?... je sais, ce n'est pas toujours chose facile, et les hauts et les bas sont fréquents… mais je peux te dire que lorsque l'on essaie vraiment, il y a de la magie dans l'air…

Surtout, n'attends pas que les choses te perturbent pour commencer…

Tu voudrais essayer ?, de remercier pour les mille et une petites choses qui sont belles, bonnes, paisibles, joyeuses ? Remercier pour être là, pour la santé, pour la promenade que tu fais, pour la présence des êtres chers autour de toi, pour le soleil qui t'éclaire, pour ton corps qui est bien vivant, pour ta maison, pour être rentré sans encombre jusque chez toi, pour le bon repas que tu prends, pour l'activité que tu aimes… en un mot pour tout ce qui est bon dans ta vie… En étant vraiment là, dans l'instant, dans la présence à toi et à ce qui t'entoure…

Si tu le peux, fait l'expérience, je t'assure… ça en vaut la peine… Plutôt la joie ! Essaie de t'adonner à cette activité le plus souvent possible… Quand tout va bien au début pour te faire la main, et puis une fois, quand cela ne va pas, quand tu es en colère, contrarié, perdu ou désespéré…

Dans les premiers temps, c'est sûr, ce sera peut-être sans grande conviction. Mais ne juge rien, observe, et continue… si tu persistes assez longtemps, sans lutter, juste en étant présent, un moment tu sentiras un changement en toi, une vibration qui t'indiquera que ton état intérieur a changé.

La bénédiction

Pierre Pradervand a écrit un livre merveilleux suite à une inspiration sur la bénédiction. Il nous confie que « Bénir signifie désirer et vouloir inconditionnellement, totalement et sans réserve aucune, le bien illimité pour les autres et les événements de la vie, en puisant aux sources les plus profondes et les plus intimes de votre être. Cela signifie révérer et considérer avec un émerveillement total ce qui est toujours un don du Créateur et cela quelles que soient les apparences »…. « Bénir signifie invoquer la protection divine sur quelqu'un ou quelque chose, penser à elle avec une reconnaissance profonde et l'évoquer avec gratitude ».

Et comme il l'explique plus loin, une chose essentielle, est que dans ces situations, nous devons être les premiers à nous bénir nous-même, bénir la personne merveilleuse que nous sommes. Car nous ne pouvons donner que ce que nous avons, et la première marche consiste à apprendre à se bénir, à s'accueillir tel que nous sommes, à nous aimer dans notre entièreté.

La bénédiction passe aussi par la reconnaissance. Reconnaître ce qui EST contenu dans notre réalité. C'est voir la VIE à l'œuvre derrière l'événement, c'est voir le divin dans l'être avec lequel nous partageons une relation.

Gregg Braden 3- nous dit quant à lui que « la bénédiction reconnaît l'événement. L'acte de reconnaître sans jugement constitue l'ouverture qui permet de commencer la guérison ». Il explique qu' « on peut définir la bénédiction comme une qualité de pensée/sentiment/émotion qui nous permet de redéfinir notre perception de quelque chose qui nous blesse ou qui nous a blessé par le passé ». Il précise que la bénédiction est une ressource qui fluidifie le passage de nos émotions douloureuses, vers une libération salvatrice.

Nous avons tous besoin de reconnaissance… de re-con-naissance, de renaître avec nous-même, renaître de l'intérieur, d'être re-connu, connu à nouveau selon qui nous sommes vraiment et de renaître à partir de là.

La joie…

La joie est l'étape immédiatement après, elle est comme une clé. Si tu prends comme mesure de ce que tu vis, la joie que tu arrives à ressentir, alors beaucoup de choses vont se mettre en place pour toi. Eprouver la joie, c'est déjà l'attirer à toi. Car, lorsque tu atteins la joie, tu te trouves en accord avec qui tu es vraiment, et donc avec les ressources de l'Univers.

Tu ne peux éprouver la joie et être concentré par tes pensées sur ce que tu refuses, ce que tu n'aimes pas, ce qui te manque ou ce que tu veux rejeter de ta vie. Ce n'est pas compatible nous dit Abraham et Pierre Pradervand. Et comme tu le sais, ton attention est primordiale. Ce qui fait qu'éprouver la joie, c'est déjà l'inviter dans ta vie.

Tout ce que tu souhaites, ressens-le comme une évidence dans la joie, et ce sera pour toi comme la prochaine étape de ton chemin, tu la touches déjà du doigt.

Quand tu es dans la joie, la volonté que tu as se fait non-vouloir, l'envie d'agir se fait non-agissante, ton attention et ton intention sont libres de tout résultat, car tu sens que c'est le meilleur aboutissement qui adviendra. Tu peux désormais considérer les choses avec enthousiasme, anticipation positive, sans aucune impatience, parce que sans aucun doute et sans attente précise. Tu sais que c'est le mieux pour toi qui va arriver, tu es donc tranquille.

Ce que tu vis alors est la véritable indication de ton alignement à toi-même et aux forces de l'univers.

La confiance

Tu peux commencer à apprécier ce que tu conçois, avant même que cela ne soit là devant toi, car tu sais à présent que tu es créateur de ta réalité et que de ce fait, tu peux permettre que cette « chose-là », se révèle *pour* toi.

Comme le dit Neale D Wash 7- dans son livre « Amitié avec Dieu », tu n'as plus besoin de faire confiance car « la confiance signifie ne pas attendre un résultat précis mais plutôt savoir que peu importe les résultats, ils sont là pour notre plus grand bien »… « Lorsque tu affrontes un défi tu tiens automatiquement pour acquis que les choses iront bien… Lorsque tu rencontres un problème tu comprends qu'il a déjà été résolu pour toi, automatiquement. »

La confiance est présente du fait même qu'elle n'est plus nécessaire.

Tu sais que la Vie (l'Etre, Dieu, La Matrice) est la source de tout Bien et de tous les possibles. Et que tu es toi-même, cette Vie que tu revendiques. Cesse de la chercher. Accueille-la. Tu n'as plus à faire quoi que ce soit pour la trouver ou à compter avec certitude sur une tierce personne pour l'atteindre. Tu as « juste » à la reconnaître et à la laisser agir en toi, par toi et dans ta vie. Car c'est ce que tu es.

C'est beau n'est-ce pas ? je sais que ce n'est pas une tâche facile, parfois cela semble même inaccessible... je suis en route comme toi, et il m'arrive de ne pas me sentir à la hauteur, ni de ne rien sentir du tout... pourtant comme je te l'ai déjà dit, lorsque tu vis cela dans sa totalité, cela révèle une évidence qu'aucun mot ne peut décrire... à part la magie de la vie. Et lorsque tu progresses dans cet état de conscience avec tes compagnons de route qui t'accompagnent dans cette voie, tu développes peu à peu la faculté de guérir ton sentiment de séparation et enfin de toucher à la Présence.....

Demander et recevoir...

Tu demandes et tu reçois... est-ce possible ?

« Tout ce que vous demanderez par la prière, croyez que vous l'avez déjà reçu et vous le verrez s'accomplir » nous dit le Christ. Une phrase pleine de promesses, mais qu'est-elle devenue pour nous ? Ne semble-t-elle pas tellement loin de ta réalité et de la mienne ?

Comme tu peux l'imaginer, demander (par la prière) ne veut pas dire supplier, ni quémander, réclamer, taper du pied, revendiquer ou contraindre l'obtention de que ce tu veux par-dessus tout. Ce n'est pas non plus un acte de volonté délibérée en mettant toute ton énergie pour atteindre un but. Oh que non ! Si tu penses qu'en implorant, en criant plus fort ou faisant œuvre de détermination, ce sera plus efficace, tu te trompes de chemin. Encore moins marchander avec la Vie ou Dieu, pour lui demander de changer ton existence, en essayant de faire une bonne action en contrepartie, c'est mal connaître les lois de l'univers. Si tu es dans une situation que tu perçois comme une voie sans issue (apparente) ni solution, où tu crois que tout va mal, que tu te sens dérouté, que tu es frustré, inquiet, ou en colère : *ne crois pas que la Vie sera moins claire que toi !*

Si tu penses pouvoir prendre le chemin de SOI par la prière, sans laisser une part de toi sur l'autel de la Vie, tu te berces d'illusions. Peut-être as-tu peur, peur d'y laisser l'essentiel, et tu refuses d'avancer… Pourtant la seule chose que tu y laisseras, c'est le fardeau de ta souffrance et des masques que tu portais.

Neale Walsh 6- nous explique la prière : « Toute demande est la manifestation d'un manque et l'univers est une grande photocopieuse. Si tu exprimes une demande, le plus souvent, c'est que tu « ressens » le fait de ne pas avoir la chose en question. Alors l'univers répond très scrupuleusement à l'émotion cachée derrière ta demande, c'est-à-dire : je n'ai pas cela ! ». Je ressens mes échecs, la privation de la relation gratifiante, la déficience d'un état de vitalité, l'absence d'un travail où je me réalise, l'impasse dans laquelle se trouve mon projet… ou que sais-je encore ? Alors l'univers me donne encore plus de ce que je ressens, qui est le contraire de ce que je souhaite.

Pierre Pradervand 4- nous dit : « La prière (la demande) est décrite, non comme une supplique adressée à quelque capricieuse et lointaine divinité dont la réponse est aléatoire, mais comme l'activation du principe universel du bien infini qui dépend, pour se manifester de l'intégrité de nos motifs et d'une compréhension intelligente de la loi de la vie elle-même ».

Qu'est-ce que cela veut dire alors, demander ? Dans le sens de notre propos, c'est déjà collaborer avec la Vie dans une participation commune, un partenariat dans un respect et une confiance réciproque. C'est manifester tes désirs, tes joies, tes préférences, tes envies mais dans une adéquation aux lois de la VIE. Ne cherche pas à « focaliser » ton attention exactement sur la chose précise, essaie d'être beaucoup plus ouvert aux possibles et dans le ressenti que tu vas éprouver.

Cette partie-là est d'une simplicité enfantine... c'est après que cela devient plus ardu....car tu n'as *plus rien faire* !... Ça te fait rire ?... et oui justement, nous ne savons pas très bien comment nous comporter... car nous ne pouvons plus contrôler. Il n'y a rien à faire, juste laisser la Vie accomplir sa part. Il n'y a pas à savoir comment, c'est l'univers qui s'en occupe. Tout est donné sans exception. Tout est à chaque fois accordé, chaque prière est exaucée.

Ici je te sens frémir, peut-être tu n'es pas d'accord… comment cela est-il possible ? Tu ne peux y croire… tu en sais quelque chose… tu espères, tu aimerais, tu voudrais tant de choses dont tu ne vois pas la plus petite réalité dans ton existence !

Je sais, je suis confrontée au même problème, tout dépend du point source à partir duquel on crée sa vie. C'est vrai, il faut souvent du temps et des expériences pour parvenir à ne plus manquer sa cible. Comme toute discipline, cela demande un entraînement long et rigoureux.

Et puis, viens ensuite la capacité que tu as, à accepter justement que tout cela est possible, de permettre à ce désir merveilleux d'arriver jusqu'à toi, de consentir à le recevoir. Etre totalement en adéquation avec ce que tu souhaites, t'y attendre dans une certitude absolue, malgré les apparences, qui au début peuvent être contraires...

Enfin, il est important que tu sois dans le ressenti total de l'obtention de ce à quoi tu aspires, de le sentir comme une évidence vécue dans l'instant présent. C'est *être enveloppé* par la vibration que tu éprouves en sachant que c'est déjà là.

Le mieux est de rester dans le plaisir de regarder ton désir, d'en ressentir tous les éléments positifs, de jubiler en y pensant. Tu ferais bien d'éviter de te demander comment tu vas faire pour l'atteindre, si tu en auras les capacités ou si tu auras assez d'argent ou assez de temps (selon tes croyances, tes intérêts ou tes aptitudes du moment) etc... car là tu mets le doute, tu cherches toi-même des solutions et tu renonces à y consentir. Cela ne veut pas dire que tu ne dois pas te donner les moyens objectifs d'aboutir, ni chercher des options concrètes que tu peux mettre en œuvre, évidemment. Mais le plus important c'est de ne pas tenir pour plus important la forme au détriment de l'état d'être, alors que la Vie a peut-être encore plus à t'offrir que tu ne le penses. Tu es appelé à te réjouir déjà de sa présence et laisser l'univers s'occuper du reste en œuvrant en faveur de toi. Le Christ nous a dit : « Cherchez le royaume des Cieux et le reste vous sera donné par surcroît ».

Aller loin de… ou aller vers… L'attention doit être portée sur le souhait et non pas sur son absence actuelle.

Si toi ou moi réfléchissons à ce que nous souhaitons, lorsque notre projet est « vierge » de tout antécédent, nous pouvons nous y adonner dans une totale pureté d'intention. Mais, lorsque nous tentons d'opérer un changement dans notre réalité, nous pensons avant tout à ce que nous recherchons, en référence avec ce que nous avons sous les yeux et que nous ne voulons plus, et à la manière de trouver des solutions pour remplacer ou aller le plus loin possible de cet « état de fait » qui nous pose problème, nous

blesse ou nous insupporte. On croit se concentrer sur ce que l'on veut, mais, sans s'en apercevoir, la pensée-racine est l'attention à ce que l'on ne veut pas.
Ce point est subtil, mais il est vraiment important. On ne s'en rend pas toujours compte, et c'est un vrai piège.

Comme l'explique très bien Abraham14-, « alors même que tu crois penser à ce que tu désires, tu penses à son contraire ».
Quand je veux quelque chose, je pense plus au fait que je ne l'ai pas, qu'à la certitude de l'obtenir. Enfin, pour être plus précise, mon ressenti, ma vibration et mes émotions sont souvent plus axés sur ce que j'éprouve de désagrément, de tristesse ou de peur d'être loin de mon souhait, que sur le plaisir de son obtention, passant plus de temps à ressasser la contrariété de ma situation actuelle, qu'à me réjouir déjà de ce qui m'appelle. Et comme maintenant, tu le sais par cœur : ma vibration et mon attention s'en ressentent automatiquement, ma possibilité de création aussi…

En fait, je tente « d'aller loin de » la chose qui ne me convient pas.... Alors que je suis appelée à « aller vers » la chose à laquelle j'aspire... Aller vers, ne veut évidemment pas dire revendiquer ou réclamer, c'est porter en soi, comme une évidence, la paix et la joie de l'avoir atteint...

Quand tu penses à ce que tu souhaites, si tu es frustré ou déçu que cela ne soit pas là, tu es dans la résistance. Si tu y crois et l'attends dans la joie, tu autorises cette chose à arriver, même sans rien faire pour cela. Pour te servir de guide, tu peux utiliser ton baromètre émotionnel, ton corps et ton ressenti pour savoir à quel point tu es en accord avec ton aspiration et si tu lui permets de venir à toi ou si tu ne l'acceptes pas.

Gregg Braden apporte à cela une précision qui est de dire « il y a une grande différence entre travailler *en vue* d'un résultat et vivre *à partir* de celui-ci. »

Quelques problématiques nous empêchant de parvenir à ce que nous recherchons le plus:

Rassure toi… lorsque je dis « tu »… je dis « je » aussi… je suis sur le même chemin…

°°° tu oublies que tu es une étincelle de VIE ! Et tu abordes ton expérience hors de cette connexion. Tu ne vis pas ta vie en pleine conscience. Pas toujours. Pas assez. Tu es humain et cela fait partie du processus.

°°° tu accrédites comme vrais les « arguments » du monde et tu négliges d'en appeler à la Réalité spirituelle qui est la tienne. Tu refuses à ton âme la chance de te montrer le chemin.

°°°tu regardes trop ce qui ne va pas comme tu le souhaites. Tu es tellement préoccupé par ce qui te taraude au quotidien que tu ne peux pas prendre de la hauteur de vue. Si tu ne peux concevoir (humainement) comment tu vas changer les choses, tu peux croire que ce n'est pas possible et te refuser toute évolution.

Parfois tu ne t'autorises pas à croire que ce que tu imagines est atteignable. Tu penses que tu rêves. Que c'est trop beau pour être vrai.

°°° tes pensées (ce que tu penses de toi, tes croyances au sujet de tes expériences passées, au sujet des autres et de leurs regards sur toi, ce que tu crois savoir de la réalité) te conditionnent. Tu as un dialogue intérieur qui parasite en permanence ton mental sur la base de tes certitudes et qui juge, interprète, analyse, déduit et construit des théories qui ne vont pas toujours dans le sens que tu souhaites.

°°° plus tu rejettes quelque chose avec intensité, plus tu l'attires dans ta vie. N'y pense plus !

°°° lorsque tu réagis aux attaques des autres et que tu en fais une affaire personnelle, tu renforces l'attaque et tu te prives des chances de guérir ce qui en toi appelle à l'être.

°°° te faire du souci, c'est activer la chose non voulue. Penser à ce que tu ne veux pas pour trouver comment t'en débarrasser, ou t'en protéger ou l'éviter, c'est attirer encore plus de ce que tu cherches à éliminer.

°°° à part tes résistances et tes croyances limitatives tu es à même de focaliser l'énergie vibratoire des potentialités de la vie.

°°° si tu es davantage concentré sur un problème et sur la quête de solution de celui-ci, au lieu de ton bien-être, tu vas renforcer le problème.

°°° penser que la guérison est nécessaire et qu'il faut « faire » quelque chose, ou lutter pour arriver à guérir ce «symptôme» (physique, émotionnel, relationnel…etc..), accrédite que le problème existe, le nourrit et le renforce.

°°° si tu doutes, parce que concrètement tu ne vois pas encore les effets de ta « demande », alors tu modifies ta vibration. Si tu te concentres sur le fait que ce n'est pas encore là, ou que tu ne sais pas comment t'y prendre pour remédier à la situation, ou que tu as peur que cela ne se fasse pas, alors tu renforces ton sentiment d'impuissance face à ce qui se passe.

Le doute est le pire élément de négation de ton désir ! Dès que tu doutes, ton ressenti n'est pas dans l'acceptation de ton projet, ta vibration est dans la peur ou l'hésitation, mais pas dans l'accueil. De ce fait, tout est en suspend !

°°° si tu changes d'avis ou si tu remets en cause ton désir en modifiant sans cesse ta direction (parce que tu ne sais plus, que tu n'oses pas y croire, tu ne sais pas comment cela va bien pouvoir se faire, tu te résignes pensant que c'est trop compliqué) tu ne parviendras jamais au but. Imagines, tu sors de chez toi pour aller te promener, puis tu décides de rentrer à la maison, te dirigeant dans la direction inverse, et cela plusieurs fois de suite en te demandant pourquoi tu ne parviens jamais à destination. Oui, tu parcours du chemin te donnant l'impression de faire quelque chose. C'est exact, tu t'actives beaucoup, mais tu fais du sur-place et tu ne comprends pas pourquoi tu n'aboutis nulle part.

°°° tu oscilles dans l'ambivalence entre l'espoir que cela arrive et la peur que cela n'arrive pas ou que cela se produise. Tu ne sais pas ce que tu veux, tu n'es pas totalement « enveloppé » par la certitude sans attente de ton intention.

°°°si tu te concentres sur ce qui est et a toujours été, si tu te plains de quelque chose, tu ne fais qu'attirer davantage de cette chose-là, de même que ressasser, critiquer, regarder ce qui ne va pas… Et oui, dès que tu ressasses la contrariété que tu as, plus tu y penses et tu as donc ton attention focalisée juste dessus… rien de bon ne sortira de tout cela !

°°° te blâmer, te juger, te culpabiliser, te justifier, attirera invariablement des situations où tu seras confronté à ces sentiments. Le monde est miroir. Blâmer, juger, attaquer, culpabiliser l'autre, sera tout aussi pénalisant.

°°° la peur de ne pas être aimé, la peur de ne pas être à la hauteur, le découragement, l'apitoiement, la victimisation, l'identification aux malheurs de ton histoire, sont des pierres d'achoppement très subtiles mais très efficaces pour te couper de ton élan et de tes rêves.

°°° tu veux garder le contrôle, tu veux trop agir par toi-même, tu veux te donner la volonté et les moyens d'y parvenir. Dans ce cas tu te concentres sur tes aptitudes humaines et tu empêches la vie d'œuvrer en ta faveur. Cesse de te battre à contre-courant. Pose ton intention et accompli ce qui doit l'être en suivant le flot de la Vie.

°°° tu ne persévères pas suffisamment. Il est vrai que parfois les choses prennent du temps, que le chemin est long et que tu ne vois pas tout de suite le changement. Imagine un sportif de haut niveau ou un musicien génial qui s'arrêteraient au bout de quelques entraînements parce qu'ils ne sont pas devenus champion ou virtuose… !

Attendre que ton intention se manifeste… ou te sentir bien maintenant…

Il est bon de garder à l'esprit, au risque de me répéter, que tout est dans ce que tu *ressens*. !
Il n'est pas judicieux d'attendre la manifestation « extérieure » pour te sentir bien, et te dire : « lorsque j'aurais rencontré la personne qui me convient, je serais comblé, lorsque j'aurais le travail de mes rêves, je serais accompli, lorsque j'aurais recouvré la santé, je serais heureux… » Oui bien sûr tout cela va concourir à ton bonheur, bien évidemment, mais si tu n'es pas heureux en toi, alors ces situations ne t'apporteront pas le bonheur à long terme. N'attend pas la manifestation de ton souhait pour être heureux. Etre heureux c'est aussi un choix. Maintenant.

Thierry Vissac nous dit : « Maintenant est le bon moment pour être vivant car il n'en existe pas d'autre ! »

Il te faut sans cesse être attentif à ce que tu ressens et savoir que, si tu te sens bien, en accord avec ton désir, tu attires automatiquement sa réalisation. Si ce n'est pas le cas, tu éloignes la manifestation de celui-ci. L'essentiel est de travailler uniquement sur tes émotions et ton ressenti, et non sur le résultat que tu espères. Il te faut être sans cesse vigilant et attentif aux feed-back des événements extérieurs que tu perçois, pour savoir où tu en es de ton alignement avec la Vie.

Trouver une solution à un problème...

Ceci est une question qui nous occupe très souvent. Tu n'es pas d'accord ?
Combien de fois sommes-nous confrontés à une situation qui demande une résolution ?
Comment vais-je faire ? Comment vais-je m'en sortir ? Ou trouver la solution ?

La plupart du temps, pour les questions quotidiennes, cela se résout en général assez facilement de manière concrète en mettant en œuvre alors notre savoir-faire pour régler ce qui nous préoccupe.
D'autres fois, cela paraît nettement plus compliqué, rassemblant plusieurs personnes, avec des ressentis multiples, des différends, des situations complexes, et cela s'avère alors passablement plus difficile pour trouver une réponse favorable et unique dans l'approbation de tous.

Cependant, il apparaît qu'un obstacle visible dans le monde concret, ne puisse être véritablement résolu sur le plan où il semble avoir été créé.

Si je réfléchis à un problème que je veux résoudre, je le rends « réel », et je fais primer l'«information» que l'extérieur me transmet, sur l'harmonie de la Vie. Quand je vois ce qui me défie, je me concentre dessus pour trouver une solution. Si je fais cela, je me mets hors de l'alignement et je renforce la réalité de l'obstacle. Je ne veux pas dire qu'il ne faille rien faire face à une difficulté pour tenter de lui trouver une issue concrète et positive, je parle ici de la qualité d'être avec laquelle on va aborder la situation.

Dans cette optique, essayer de résoudre à tous prix ce à quoi je suis confronté, c'est créer davantage de résistance, car mon attention se porte sur le problème lui-même. Je donne crédit à ce problème et j'attire à moi ce que reflètent ma pensée et mon ressenti. Si à l'inverse, je cherche avant tout à me sentir bien, et à favoriser une pensée conforme à mon désir, le dénouement viendra de soi.

Tu dois alors accepter de ne pas accéder tout de suite aux réponses qui te semblent « évidentes », et te donner le droit de ne pas parvenir immédiatement à ton but. Il te faut éprouver que la chose est déjà là en réponse à ton désir, et que ce n'est que ton inaptitude à y croire qui ralentit sa manifestation. Essaie de pratiquer la confiance, en sachant que toute demande est déjà exaucée sans exception, et que par ton alignement intérieur avec cette certitude, tu ouvriras la voie à sa manifestation.

Je n'ai rien à craindre car je suis l'unique créateur de ce que je vis. Je n'ai pas à remercier, j'ai à être dans un perpétuel état de gratitude car je suis « le dieu » qui crée ma réalité.

Prier... serait-ce reconnaître que la solution est déjà là... ?

Prier, c'est re-co-naître la Vie. Littéralement, renaître avec la Vie. C'est le sentiment de ce lien dans l'unité, la mise en cohérence, la communion avec ce qui EST. C'est un état d'entièreté où on est totalement animé et entouré par l'aura d'accomplissement de notre appel.

La manifestation de ce à quoi ton cœur aspire est déjà là, la solution existe, dès que l'appel s'éveille en toi, la réponse dans l'univers se révèle. Pour la rendre visible, la seule chose à faire est juste de t'aligner avec les émotions qui s'accordent avec ton désir. Tes émotions sont un pipeline qui fait arriver les ressources de la VIE à leur point d'utilisation et de manifestation. Il te faut consentir au succès de ton rêve, de ton projet, accepter qu'il se réalise et qu'il soit possible comme la prochaine étape sur ton chemin. Tu es invité à te mettre dans la vibration de plaisir du projet. Il faut croire que tout est possible et que tout est parfait.

Tu me penses un peu idéaliste, naïve, rêveuse, n'ayant pas trop les pieds sur terre ?... détrompe-toi ! Je suis bien là, et tout n'est pas « rose » crois-moi, je le sais bien... les challenges font partis du chemin, et par moment la tâche paraît immense.... Mais je veux juste te faire partager l'idée que lorsque tu fais ce pas vers cette autre réalité... alors tu ne peux plus expérimenter la VIE comme si tu ne savais pas que c'est possible ! Cela ne veut pas dire que tu parviens à maintenir le cap en tout temps... malheureusement, mais tu fais tout pour y retourner dès que tu sens que tu as été dérouté.

Tu sais, peut-être que ton projet ne se réalisera pas, ou pas exactement comme tu le pensais, sous la forme exacte que tu imaginais, mais ce n'est pas grave, car si tu laisses faire la « providence », ce sera sûrement beaucoup mieux pour toi que tout ce que tu aurais pu concevoir…

Wayne Dyer 8- nous dit : « Peu importe ce que vous avez l'intention de créer dans votre vie, cela implique que vous génériez la même qualité porteuse de vie à laquelle toute chose doit son existence ».

Gregg Braden 3- nous partage une de ses expériences dans son livre sur la prière. Il était avec un ami qui allait prier pour la pluie. Son ami lui dit : « Les prières pour la santé renforcent la maladie, les prières pour demander la pluie renforcent la sécheresse. Continuer à demander pour plus de choses (c'est-à-dire demander l'abondance où il semble y avoir le manque) donne plus de pouvoir aux choses mêmes que nous voudrions changer. Il ajoute qu'il avait *prié* la pluie, car s'il avait prié *pour* la pluie celle-ci ne serait jamais venue... la clé est que si nous demandons que quelque chose arrive, nous donnons du pouvoir à ce que nous ne possédons pas ! Si tu n'as pas prié pour la pluie alors qu'as-tu fait ? lui demande Gregg. C'est simple a-t-il répondu, j'ai commencé à avoir la *sensation* de ce que l'on ressent quand il pleut... Il engageait en fait tous ces sens... qui nous rattachent à ce qui nous entoure. Ce faisant il se servait du langage puissant et ancien qui « parle » à la nature. Ensuite il « se sentait » reconnaissant d'avoir l'occasion de participer à la création. « Par nos remerciements, nous honorons toutes les possibilités, en même temps que nous apportons à ce monde celles que nous choisissons. »

Emmet Fox nous propose sa perception en nous disant : « Il n'existe pas deux créations, mais une seule. Si vous pensez qu'il y a d'un côté un monde de limitations et de difficultés, et de l'autre le monde de perfection de Dieu, vous entretenez l'erreur. Il n'existe qu'un monde. Donc dès qu'une image fausse apparaît (symptômes, difficultés...) y substituer la présence de Dieu pour réparer l'erreur. L'erreur, le problème, n'existe pas, c'est juste une suggestion, car il n'y a qu'un seul pouvoir Celui de Dieu. Aussi longtemps que vous admettrez, sous n'importe quel nom (problème, maladie, dépression, injustice...), une autre réalité que celle de Dieu, vous ne donnerez asile qu'à la peur et vous vous punirez vous-même. La table est mise, il est important de se servir. Revendiquons simplement ce qui est à notre portée. »

L'important, c'est de savoir que tout EST déjà LA. Tu n'as rien à faire ou à rechercher. L'essentiel est d'être,- toi-, ce que tu veux voir dans ton monde. La table est mise, comme nous dit Emmet Fox, tous les possibles sont là à portée de main, tu n'as qu'à te servir et la vie te « servira » (dans les deux sens du mot) en accord avec ce qui vibre en toi.

Neale Walsh 6- nous transmet dans son dialogue avec Dieu : « La prière adéquate n'est jamais une prière de supplication mais une prière de gratitude. Lorsque tu remercies Dieu à l'avance pour l'expérience que tu choisis de faire dans ta réalité, en fait tu reconnais qu'elle s'y trouve déjà… en réalité. Par conséquent la gratitude est l'affirmation la plus puissante faite à Dieu, une affirmation à laquelle J'ai répondu avant même que tu ne demandes. Par conséquent ne supplie jamais. Apprécie »

L'important est de reconnaître que tout ce que nous avons toujours souhaité est déjà présent et notre seul œuvre est de « ressentir » cette Unité avec ce qui Est, afin d'ouvrir la porte des réponses à nos prières.

Confier

Désormais, tu comprends que ce n'est pas ta volonté, ta force mentale, ton mérite, tes efforts et ton savoir, qui feront changer les choses. Je ne veux pas dire par là, qu'il ne faille pas avoir de volonté, de force morale, de mérite et de savoir… bien-sûr que non. Ce sont de belles qualités, et il est juste et bon de les utiliser.

Ce que je veux dire, c'est que pour opérer en toi le vrai changement, il te faut accepter que ce soit la *VIE en toi qui opère* ce changement. Tu n'en es pas le seul réalisateur, tu en es l'acteur /observateur participatif, le bénéficiaire, le réceptacle, tu es celui ou celle qui reconnaît à la Vie sa présence et sa force qui opèrent au cœur même de ce qui se passe, au cœur même de ton Etre.

Un moment donné, dans des instants rares mais si précieux, tu ne cherches même plus à faire quoi que ce soit, car tu sens que tout est juste. Tu redonnes sa place à la VIE, tu confies ton intention à cette Source qui te traverse et dont tu es toi-même fait, en retrouvant ta place au cœur de la Matrice qui réalisera elle-même, le projet dont tu es porteur, car tu ne lui feras plus obstacle. Tout devient alors si simple !

Tu as troqué le savoir (devoir)-faire avec ton Etat d'Etre. Tu as échangé l'observation/soumission aux conditions de ton existence, avec la participation créative à ta vie.

Tu es en paix et tu ne cherches plus à devenir quelqu'un ou à aboutir quelque part, tu n'as même plus le désir de réaliser quoi que ce soit. Ton intention est juste d'être en harmonie avec la VIE.

A cet instant, tu lâches prise, tu ne focalises même plus sur la manière dont tu veux voir arriver les événements, tu le ressens au plus profond de toi et alors, cette émotion appelle cette « chose-là même » qui te convient, à se manifester.

C'est là le travail de toute une vie !

Patience, Persévérance, Présence, Pureté, Prière, Pratique

La dernière étape est en quelque sorte la capacité de vivre avec tout ce que tu sais, à chaque instant de ta vie, dans la simplicité de ton quotidien. Faire de ton ordinaire un espace de vie extra-ordinaire.

Généralement, toi, comme moi, ne sommes pas assez indulgents vis-à-vis de nous-mêmes. Tu te dis que si ce n'est pas encore manifeste, cela ne peut être possible, que tu ne sais pas y faire, cela ne marchera pas, et tu renonces… si près du but.
Sois patient ! Donne-toi le temps….

La persévérance est souvent laborieuse. Lorsque tout va bien, on finit par oublier de rester relié et on prend le risque de la rechute. Et lorsque tout va mal, on se demande pourquoi on n'a pas gardé le contact, on se dit que rien ne fonctionne, et on baisse les bras. Le chemin semble parfois si long, tant semé d'embûches que l'on finit par ne plus y croire, par renoncer, voire se résigner. A partir de là, il faut à nouveau du temps et de la patience pour recréer une vibration qui nous permettra de renouer le lien….

La présence à toi est essentielle. Ne sois pas, « ici et maintenant », en étant mentalement ailleurs. Je sais, on le fait trop fréquemment, mais peu à peu on devient plus vigilant. Oui, « Etre toi », t'habiter pleinement, cela aidera beaucoup ta démarche.

Etre pur, c'est être exclusivement ce que tu es « comme un pommier fait des pommes » ! C'est être qui on est et suivre son chemin en révélant sa nature essentielle tout simplement. Rien d'autre.

La prière, je t'en ai déjà longuement parlé plus haut. Souviens-toi, c'est ta manière d'être toujours en « connexion » avec ton essence-ciel.

Alors, pratique sans cesse, car tout cela demande discipline et rigueur. Jusqu'à ce que cela devienne pour toi, ta nature fondamentale, parce que c'est ainsi que tu vas peu à peu te souvenir de qui tu es.

Avant d'arriver…..

Il faut oser persévérer, même quand rien n'est évident, même dans l'incertitude, même dans l'avancée vers l'inconnu. Ce n'est pas facile et tu feras de nombreux aller et retour, tu erreras parfois sans conviction, tandis que tu avanceras avec assurance à d'autres moments, puis tu te désespèreras, tu te retrouveras dans des voies sans issue, tu reprendras courage, tu combattras les dragons, tu navigueras dans la tempête sur des mers inhospitalières, tu abandonneras et ensuite tu t'abandonneras, et tu conquerras aussi de nouvelles terres, tu atteindras des rivages paisibles, tu traverseras des paysages contrastés, tu feras des rencontres terribles, et d'autres rencontres magiques, tu vivras des moments précieux. Puis de nouveau, tu auras des doutes, tu baisseras les bras, tu rejetteras tout en bloc. Tu feras des expériences qui t'inciteront à te poser de multiples questions, qui te crucifieront, qui te transformeront, qui te feront « mourir » et puis renaître, tu graviras les cimes et tu glisseras dans des abîmes, tu te sentiras parfois perdu, dans le brouillard et la nuit complète, et d'autres fois transporté de joie, marchant sans fin vers la lumière.

Mais au bout du compte tu auras trouvé le plus grand trésor qui soit : Qui Tu Es vraiment.

Ce chemin est une véritable aventure, une aventure de vie, de Ta Vie et c'est la plus belle qui soit.

La VIE t'aime…… ne l'oublie pas !

Bonne route !!

Voilà, notre voyage livresque s'achève ici.
Nous sommes arrivés à destination, celle de
notre moment de partage. Cette destination
n'est pas une fin mais bien le début d'une
autre étape.

J'ai aimé faire route et partager avec toi …
De ton côté, comment as-tu vécu cette
traversée… ?
Positivement et sereinement ?… quelques
secousses sans doute, et bien des
péripéties…mais beaucoup de joie, je te le
souhaite…

Tu peux refaire ce pèlerinage aussi souvent
que tu le veux maintenant… et le poursuivre
ensuite sur d'autres routes… Sur tes voies…
Avec tes propres traces… il te reste encore
tant à découvrir et à explorer…

Je vais faire de même car on ne partage jamais que ce qu'on a le plus à apprendre, il me reste encore tant à découvrir, à explorer, à vivre…

Nos chemins se séparent… à moins que non… Peut-être nous rencontrerons-nous de nouveau… dans longtemps ou tout prochainement…

Je te souhaite le meilleur !!

Bibliographie….

Tous ces ouvrages m'ont nourri et enseigné tout au long de ma démarche….
Il y en aurait bien d'autres encore qui ont ponctué mon chemin mais par souci de conserver une certaine clarté et une unité, ainsi que de rendre cette liste la plus courte possible je vais me limiter à ceux-là…

Au fil des pages vous trouverez ici 1- les livres qui ont servi pour les citations que je vous ai proposé et qui seront précédés d'un petit chiffre, 2- les livres qui m'ont également et tout autant apporté dans l'inspiration et la rédaction de ce petit livret mais dont je n'ai pas mentionné de citation, et 3-d'autres qui se rapportent de très près aux sujets abordés dans ce livret.

Certains de ces ouvrages ont déjà une petite présentation sur mon site : www.terressenciel.ch
Les autres présentations suivront prochainement…

Venez me faire une petite visite….

1-La Divine Matrice - Gregg Braden. Ed Ariane
2- La guérison des croyances. Gregg Braden – Ed Ariane
3- Secrets de l'Art perdu de la Prière- Gregg Braden- Editions AdA
http://www.greggbraden.com/

4- Vivre sa spiritualité au quotidien – Pierre Pradervand – Editions Jouvence
5- Le grand OUI à la vie – Pierre Pradervand – Editions Jouvence
Plus jamais Victime – Pierre Pradervand - Editions Jouvence
Apprendre à s'aimer- Pierre Pradervand – Editions Jouvence
www.vivreautrement.ch

6- Dialogue avec Dieu Tome 1, 2, 3 – Neale Donal Walsh – Editions Ariane
7- Amitiés avec Dieu – Neale Donald Walsh – Editions Ariane
Communion avec Dieu- Neale Donal Walsh - Ariane
http://www.nealedonaldwalsch.com/

8- Le pouvoir de l'intention - Dr Wayne Dyer – J'ai Lu – Aventure Secrète
Il y a une solution spirituelle à tous vos problèmes – J'ai Lu – Aventure secrète
Les 10 clés du succès et de la paix intérieure – Dr Wayne Dyer – J'ai Lu - Aventure Secrète
Il faut le croire pour le voir- Dr Wayne Dyer – J'ai Lu - Aventure Secrète
Auteur aussi de : Nos zones erronées
http://www.drwaynedyer.com/

9- Le pourvoir du moment présent – Eckart Tolle - Ariane
Mettre en pratique le pouvoir du moment Présent – Eckart Tolle – Ariane
http://www.eckharttolle.fr/

Les 4 accords toltèques – Don Miguel Ruiz
La maîtrise de l'amour- Don Miguel Ruiz
http://www.miguelruiz.com/

Le retour à l'amour – Marianne Williamson
La grâce et l'enchantement – Marianne Williamson – Edition du Roseau
Le changement – Marianne Williamson
http://www.marianne.com/

10-La guérison radicale – Michael Dawson – Ed Souffle d'OR

Un cours en miracles – Fondation for Inner Peace

Et L'Univers disparaîtra – Gary Renard – Edition Ariane

Le Don du Pardon – Olivier Clerc

11-Les parents dans le thème astrologique de naissance – Eric Berrut – Editions Janus
Le Chemin de Soi – Eric Berrut – Editions Janus
http://ericberrut.com

Le Destin une chance à saisir – Torwald Detlefesen

Wesak l'heure de la réconciliation- Anne et Daniel Meurois- Givaudan. Editions Amrita
De mémoire d'Essénien – Anne et Daniel Meurois Givaudan – Editions Amrita

La guérison quantique - Deepak Chopra – J'ai Lu – Aventure Secrète
Les 7 lois spirituelles du succès. Demandez le bonheur et vous le recevrez – Deepak Chopra – J'ai Lu- Aventure Secrète
http://www.deepakchopra.com/

De la prison à la louange- Merlin Carothers. Editions Foi et Victoire
12-Puissance de la louange - Merlin Carothers – Editions Foi et Victoire
http://www.foundationofpraise.org/

13- Le pouvoir de la pensée constructive – Emmet Fox – Editions Bussière
Changez votre vie – Emmet Fox
Le sermon sur la Montagne – Emmet Fox
Réussite et personnalité - Emmet Fox

14-Créateurs d'avant-gardes - Abraham- Esther et Jerry Hicks – Guy Trédaniel Editeur
La loi d'attraction – Abraham-Esther et Jerry Hicks

Le fabuleux pouvoir des émotions – Abraham – Esther et Jerry Hikcs – Guy Trédaniel Editeur
http://www.abraham-hicks.com/lawofattractionsource/index.php

15- A bout de course- Le dernier dialogue - Thierry Vissac – Edition La parole Vivante
http://www.istenqs.org/

16 -Eric Fleury - www.terreetlune.com

Le guerrier Pacifique – Dan Millmann – J'ai Lu – Aventure secrète
La voie du guerrier Pacifique – Dan Millmann – J'ai Lu- Aventure Secrète

Les enseignements d'un sorcier Yaqui – Carlos Castaneda- Poche
Le voyage à Ixtlan - Carlos Castanedas

La prophétie des Andes – James Redfield - J'ai Lu – Aventure Secrète
Les leçons de Vie de la prophétie des Andes – James Redfield

Et tant d'autres encore……………………………………..

En guise d'au Revoir…

Pour tout contact, renseignements ou demande de rendez-vous :

Anne-Virginie LUCOT
Astrologie psychologique et intuitive
Accompagnement Astrologie et Coaching
Organisatrice : Conférence- Cours- Soins- Ateliers- Stages (Développement personnel, Relation d'aide, Spiritualité, Soins énergétiques…)
Auteure
Collex-Bossy – Genève - Suisse
022 958 10 64
+ 41 22 958 10 64
accueil@terressenciel.ch
www.terressenciel.ch

A bientôt….